VISIONES DE LATINOAMÉRICA

VISIONES DE LATINOAMÉRICA

A CULTURAL READER

ROBERT PHILLIPS Miami University
OLGA MÁRQUEZ

HARPER & ROW, PUBLISHERS / New York   Evanston   San Francisco   London

Dedicado a la memoria de R.K.N.

COVER PHOTO BY PETER OLWYLER, FPG

Picture credits: (Numbers refer to pages) 2 Tim Kantor, Rapho Guillumette / 3 The American Museum of Natural History / 4 Ministry of Development, Venezuela / 5 Silberstein, Monkmeyer / 7 Ministry of Development, Venezuela / 8, 10, 11 The American Museum of Natural History / 13 Wide World / 14 The American Museum of Natural History / 16 Museo de Arte de Catalona, Art Reference Bureau / 18–19 Giraudon, Art Reference Bureau / 20 Toledo Cathedral, Art Reference Bureau / 21 Art Reference Bureau / 25 Pan American Union / 26, 27 United Nations / 28 Rebecca Sacks / 30–31 The American Museum of Natural History / 32, 33 American Airlines / 34 The Hispanic Society of America / 36–37 Museo America, Madrid, Art Reference Bureau / 38 Art Reference Bureau / 40, 42 Pan American Union / 46, 49 United Nations / 50 Juan Enrique Lira, Santiago, Chile / 52 Pease, Monkmeyer / 55 Henle, Monkmeyer / 56 United Nations / 58 Pease, Monkmeyer / 61 United Nations / 62 Ministry of Development, Venezuela / 63 Bijur, Monkmeyer / 64 Mathews, F P G / 67, 68 (left) Pease, Monkmeyer / 68 (right) United Nations / 70 The New York Times / 73 Herzog F P G / 74 The New York Times / 76 Monkmeyer / 79 United Nations / 81 Grabitsky, Monkmeyer / 82 United Nations / 84–85 Fujihira, Monkmeyer / 86 (top) Rebecca Sacks / 86 (bottom) American Airlines / 87 American Airlines / 88 Henle, Monkmeyer / 91 Silberstein, Monkmeyer / 92 Pan American Airways / 93 Gross, Monkmeyer / 94 Fujihira, Monkmeyer / 97 Monkmeyer / 98 Colombia Information Service, New York / 100 Olwyler, F P G / 103 Wide World / 104 Mexican National Tourist Council / 106 Wide World / 109 Pease, Monkmeyer / 110 Wide World / 112 American Airlines / 113 Silberstein, Monkmeyer / 115 Pan American Union / 116 Wide World / 118 American Airlines / 121 Pan American Union / 122, 123 The Museum of Primitive Art, New York / 124 Mexican National Tourist Council / 127, 218 Collection The Museum of Modern Art, New York. Gift of Abby Aldrich Rockefeller / 130 Toomey, F P G / 131 Mexican National Tourist Council / 133 Silberstein, Monkmeyer / 134 Hurok Attractions, Inc., New York / 136 Fujihira, Monkmeyer / 137 University of Indiana Press, Bloomington, Indiana / 139 (left) Gilda Kuhlman / 139 (right) Jerry Bauer / 140 (top) Inge Morath, Magnum / 140 (bottom) Pan American Union / 142 United Nations / 145 Fujihira, Monkmeyer / 146 Tiers, Monkmeyer / 148 Mann, Monkmeyer / 151 General Motors, Argentina / 152 Mexican National Tourist Council / 153 United Nations / 154 De Palma F P G / 157 Karmiol F P G / 158 Proctor & Gamble, Caracas, Venezuela / 159 United Nations / 160 UPI / 163, 164 Wide World / 166 United Nations / 169 Wide World / 170 UPI / Title Page Culver Pictures

Visiones de Latinoamérica: A Cultural Reader

Copyright © 1972 by Robert Phillips and Olga Márquez

Printed in the United States of America. All rights reserved. No part of this book may be used or reproduced in any manner whatsoever without written permission except in the case of brief quotations embodied in critical articles and reviews. For information address Harper & Row, Publishers, Inc., 49 East 33rd Street, New York, N.Y. 10016.

Standard Book Number: 06–045225–0   LIBRARY OF CONGRESS CATALOG CARD NUMBER: 71–170626

iv

CONTENTS

INTRODUCTION / vi

1. LA TIERRA DE LATINOAMÉRICA / 2
2. LOS INDIOS DE LATINOAMÉRICA / 10
3. LOS ESPAÑOLES / 16
4. EL NEGRO EN LATINOAMÉRICA / 22
5. LA RELIGIÓN / 28
6. LA ÉPOCA COLONIAL / 34
7. INDEPENDENCIA / 40
8. LAS CLASES SOCIALES / 46
9. LA FAMILIA / 52
10. NOVIAZGO Y MATRIMONIO / 58
11. LA MUERTE / 64
12. COMIDA / 70
13. LAS CASAS / 76
14. ROPA / 82
15. EL TRANSPORTE / 88
16. EDUCACIÓN / 94
17. FIESTAS Y FESTIVALES / 100
18. LOS DEPORTES / 106
19. EL TEATRO Y EL CINE / 112
20. ESCULTURA / 118
21. PINTURA / 124
22. MÚSICA Y BAILE / 130
23. LITERATURA / 136
24. AGRICULTURA / 142
25. INDUSTRIA / 148
26. COMERCIO / 154
27. PODER MILITAR / 160
28. DEMOCRACIA Y ELECCIONES / 166

VOCABULARY / 172

INTRODUCTION

This book, designed for the second semester of college Spanish, has two goals: to teach the American college student to read Spanish with greater ease and comprehension and to introduce him to some aspects of Latin American culture and civilization. Both aims are primary, and we believe that neither has been subordinated to the other.

The book consists of twenty-eight chapters, each of which deals with one aspect of Latin American culture. Every chapter is divided into three parts; pre-reading, reading, and exercises. For best results, all three parts should be used.

Pre-reading. This is the heart of developing reading ability in Spanish. This section attempts to teach the student all the words in the chapter before he reads them. We believe that if you spend about ten minutes on this section, you will be able to read the text without having to translate.

The pre-reading is divided into different parts. The first part is a listing of the Cognates used in the chapter. You should read through the list to become familiar with them. Some chapters also list Deceptive Cognates, words that look very much like English words, but have different meanings.

Each chapter presents a number of New Words. These are defined in Spanish or used in a Spanish sentence, or both. You should read the definition and the illustrative sentence and see if you can understand what the word means. If you cannot understand the word after pondering it for a moment, check the English equivalent given in small type below the new words. It is not our intention that you memorize the list of new words, but that you be able to recognize and understand them when you read them.

The new words are followed by Related Words, which are derived from root words you may already know. This section gives both the root words and the meaning of the related word in order to develop your awareness of the relationships among words. Each pre-reading section also contains some Expressions which are, for the most part, idioms. Two chapters contain special vocabularies necessary for that reading.

We have tried to present all the new words used in each chapter, with the exception of a few words defined in the text itself. If you find a word you have never seen before, try to guess its meaning without looking it up. If you cannot understand the word, however, you can find all words used in the book in the vocabulary at the end. Every time you have to look up a word, we suggest you put a light check mark by it. When you get three check marks by a word, you will know this is a troublesome word for you; make up your mind to memorize it!

Once a word has been introduced in a pre-reading section, it may be used in subsequent chapters without being noted again. Because of this, it is advisable to read the chapters in order. There is also a progression of grammatical difficulty, corresponding roughly to the grammar points you will be learning as the term progresses.

Reading. Each of the chapters is between six and seven hundred words long, and can be read by most students in seven to fifteen minutes. The chapters are short and original, not some difficult works edited down to your level. The Spanish is natural, and written as it would be for students your age in Latin America. The text deals with concepts, rather than names, dates, and places. You should always be comparing the American culture you know with what you are learning about Latin America. We try to make comparisons, but you should add more of your own.

Exercises. There are various oral and written exercises, including questions about the text you have read, exercises on the vocabulary and the idioms, some grammar review items, compositions, and discussion questions. The discussion questions are given in Spanish; however, the teacher may find that he would rather have a "deep" discussion in English rather than an elementary discussion in Spanish. If so, we would not discourage such an activity—we believe both are legitimate.

There are more than twenty different countries in Latin America, each with its own culture, government, etc. Although these countries are linked by a common language, religion, and heritage, there is a great diversity in many areas. Therefore, the statements which we make are, of necessity, only generalizations, which are true for great parts but not all of Latin America. You will find that Mexico, Columbia, and Argentina tend to be most prominent because we are most familiar with those countries.

Although the lower class is larger in most Latin American countries than either the middle or upper, we have chosen to concentrate on the middle class, because we feel that this is the class with which Americans can most readily identify, and more importantly it is the class that is bringing about the much needed social, economic, and political changes in Latin America.

In the text the words *Latinoamérica,* and *Iberoamérica* and their corresponding adjectives refer to all the Americas colonized and settled by people from the Iberian Peninsula, including almost every country from Mexico south, and Haiti. *Hispanoamérica* (Spanish America) refers only to those countries in which Spanish is spoken.

We wish to acknowledge the help given to us in the preparation of this book. Various friends and colleagues have helped us with factual and linguistic material in the texts: R. L. Moloney, Odette Hofer de Scott, Robert Scott, Soledad Pérez Newman, Rosa Gamarra, and Heanon Wilkins. Mr. E. Arthur Fiser of the Miami University Academic Computer Services served as consultant for computer programs, and Mr. Robert C. Curti helped in the preparation of the manuscript. Our deepest thanks go to all of these.

Robert Phillips
Olga Márquez

VISIONES DE LATINOAMÉRICA

1 LA TIERRA DE LATINOAMÉRICA

Con los materiales que tiene, la gente hace su casa. Esta cabaña en Ecuador se confunde con los pastos de la zona. (Ecuador)

Cognates / Because Spanish and English belong to the same broad language family ("Indo-European"), there are related words in both languages which have similar meanings. After reading the list of cognates for each chapter you should be able to understand them in the text without thinking about them.

abundantemente, aislado, altitud, americano, animal, aspecto, aventura, cantidad, clima, climático, comercial, comercio, comunicación, continente, contradictorio, contraste, cosmopolita, cultura, chocolate, desierto, diverso, ecuador, examinar, exótico, expresión, extensión, extremo, formar, geográfico, hemisferio, Hispanoamérica, humano, impedir, impenetrable, importante, imposible, intenso, línea, majestuoso, milla, misionero, misterio, obstáculo, occidental, océano, oxígeno, penetrar, pirata, planta, población, primitivo, probablemente, producto, raro, realmente, región, relación, religión, resto, significar, sofocante, tabaco, telefónico, transporte, tropical, variación, variedad, vegetación, zona

El hombre no ha entrado en partes de América. Las impenetrables selvas vírgenes son uno de los obstáculos de la naturaleza. (Panamá)

3

New Words / Each of the new words is defined in Spanish and/or used in a Spanish sentence. From reading these sentences, see if you can understand what the word means without looking at the English below. The words are used as they are in the text and may have other meanings, just as many English words do.

1. amar   Una mamá ama a sus hijos. Pedro ama mucho a María.
2. atravesar   Esa calle atraviesa la ciudad. El Río Misisipí atraviesa gran parte de los Estados Unidos.
3. barco   Un barco flota en el río o en el océano; se usa para transporte sobre el agua. El *Queen Mary* es un barco muy grande.
4. cordillera   Los Andes son una cordillera muy importante. Los Alpes de Europa también son una cordillera.
5. extraño (algo que no es conocido, algo diferente, algo raro)
6. llanura   La tierra que no tiene montañas es una llanura.
7. montaña   El Monte Everest es la montaña más alta del mundo.
8. nevar   Cuando hace frío muchas veces nieva. Nos gusta esquiar sobre la blanca nieve.
9. pulgada   Es una distancia muy pequeña; un pie está formado por 12 pulgadas.
10. pulmón   Cuando respiramos, ponemos aire en los pulmones. Los pulmones son necesarios para vivir.
11. selva   Una selva es donde hay muchos árboles. Si el clima es tropical, hay árboles y flores exóticos y es una selva tropical.
12. suelo (tierra)   El suelo aquí es muy árido.
13. sumamente (muy)   María es sumamente inteligente, y también es sumamente bonita.
14. tender   Es necesario tender lineas telefónicas por las calles de la ciudad.
15. tránsito (tráfico)   Hay mucho tránsito en las calles hoy.

1 to love	5 strange	9 inch	13 exceedingly
2 to cross through	6 plains	10 lung	14 to put up, to stretch
3 boat	7 mountain	11 forest, jungle	15 traffic
4 mountain range	8 to snow	12 soil, land	

El Salto de Llovisna. Gran cantidad de agua pasa sobre este salto, que es muy impresionante. (Venezuela)

A veces, lo que se opone al paso del hombre son las altísimas montañas que forman precipicios profundos. (Perú)

Related Words / The following words, found in this chapter, are related to Spanish words which you probably already know.

altura (de alto)
 — *height*
debido (de deber)
 — *owing to, because of*
desconocido (de conocer)
 — *unknown*
extraer (de traer)
 — *to extract*
intercambio (de cambiar)
 — *interchange*
lejano (de lejos)
 — *far away*
llamada (de llamar)
 — *(phone) call*
montañoso (de montaña)
 — *mountainous*
riquezas (de rico)
 — *riches*
salida (de salir)
 — *exit, outlet*

Expressions / These are expressions or idioms which you may have trouble understanding.

a través de — *across, through*
perderíamos el conocimiento — *we would lose consciousness*
por el contrario — *on the other hand*
por eso — *therefore, for that reason*
sin embargo — *however*
tanto . . . como — *as (much) . . . as*

The "pre-reading" section in each chapter is meant to acquaint you with the new words in that chapter, so that you will be able to identify them in the short reading exercises that follow. The purpose of these readings is to permit you to read Spanish easily and without having to translate.

5

La Tierra de Latinoamérica

Las Américas! ¡El Nuevo Mundo! Ésta es nuestra parte del mundo, el hemisferio del oeste. En tiempos pasados, "Las Américas" era una expresión que significaba aventura, tierras lejanas, culturas primitivas. ¡Misterio!

Pero también animales raros, plantas exóticas, costumbres extrañas, religiones desconocidas. Desiertos y selvas. ¡Peligro!

Tabaco, chocolate, plata, y oro. ¡Riquezas!

Indios y conquistadores, piratas y misioneros. Misterio, peligro, riquezas. Todo esto significaba "Las Américas."

Vamos a examinar esta tierra, este nuevo mundo. Cuando miramos un mapa de las Américas, lo primero que vemos es la larga línea de montañas que nace en Alaska, atraviesa América del Norte, y penetra en América del Sur. Allí forma la cordillera de los Andes, la más grande del mundo. Esta cordillera corre por la parte occidental del continente hasta llegar al extremo sur, el Cabo de Hornos.

En casi todos los países de América del Sur, hay altas montañas. Y en estas montañas vive gente, alguna en lugares muy altos. Aunque es difícil creerlo, en Bolivia hay indios que viven a más de 14.000 pies de altura. A tal altitud hay muy poco oxígeno en el aire. Por eso, los indios tienen pulmones muy grandes para extraer todo el que necesitan. Nosotros probablemente perderíamos el conocimiento con tan poca cantidad de oxígeno. Sin embargo, esta gente vive y trabaja en esa tierra.

Las montañas son altas, grandes, majestuosas. Pero por ser tan altas, son un obstáculo muy grande para el transporte. Éste es muy difícil—casi imposible en muchos casos—a través de las montañas. Hay poblaciones que están realmente aisladas del resto del mundo. La gente no puede comprar los productos de otros, ni puede vender los que produce. Por eso, las relaciones comerciales entre ciertas regiones de Sudamérica son sumamente difíciles. El transporte a larga distancia tiene que ser por avión—que cuesta mucho—o por barco—que lleva mucho tiempo. Gran parte del intercambio comercial entre los países se hace por barco porque sólo dos países de Sudamérica no tienen salida al mar. Hay grandes ríos en el continente, pero los océanos son más importantes para el comercio.

También América del Sur es contradictoria y diversa en su aspecto humano. A poca distancia de ciudades cosmopolitas como Buenos Aires o Río de Janeiro, con millones de habitantes, altos edificios, y tránsito muy intenso, se encuentran pueblos muy pequeños. Encontramos grandes ciudades o poblaciones pequeñas, tanto en las altas zonas montañosas como en las llanuras; junto al océano como junto a los ríos.

Las comunicaciones, por teléfono o por radio, son también difíciles. Los Andes impiden tender líneas de teléfono, y, en años pasados, para hacer una llamada telefónica desde Lima a Buenos Aires (una distancia de 1951 millas), ¡la llamada iba desde Lima hasta Miami, y de allí a Buenos Aires (una distancia de 7043 millas)!

La Gran Sabana en Venezuela es un buen ejemplo de la tierra en zonas tropicales. (Venezuela)

Debido a la gran extensión del continente sudamericano, encontramos en él gran variedad geográfica y climática. Hay grandes zonas desiertas, con menos de una pulgada de lluvia en diez años. Otras tierras, cerca del ecuador, con clima tropical tienen selvas impenetrables y lluvias casi todos los días. En el sur, por el contrario, el frío es intenso, y nieva abundantemente. Entre estos extremos se puede encontrar casi todas las variaciones climáticas posibles.

Hispanoamérica es una tierra nueva, una tierra todavía desconocida. Es una tierra de contrastes. Contrastes en el suelo, en la vegetación, en el clima, en la gente.

Pero en la montaña o en la llanura, en el calor sofocante o en el frío intenso, el hombre americano ama la tierra en que ha nacido. En ella sueña, ama, sufre, muere.

Es su tierra.

A / Tell if the following statements are true ("verdad") or false ("mentira").

1. Las montañas nacen en Alaska y siguen hasta el Cabo de Hornos. *ver*
2. Los Andes corren por la parte oriental de Sudamérica. *mentira (occidental)*
3. Hay montañas en sólo tres países de Sudamérica. *mentira*
4. Hay indios que viven a altitudes de más de 13.000 pies. *ver*
5. A los 13.000 pies de altura hay poco oxígeno en el aire. *ver*
6. No hay grandes ríos en la América del Sur. *mentira*
7. Todos los países de Sudamérica tienen salida al mar. *mentira*
8. Hay mucha variación en el clima en Sudamérica. *ver*
9. Hay desiertos en el continente. *ver*
10. Hay mucha lluvia en el desierto. *mentira*

B / Complete the sentences using the following list of "new words." Change forms as necessary for correctness.

amar   barco   cordillera   extraño   montaña   nevar   pulgada   pulmon   sumamente   tender

1. Esa muchacha morena es _____ bonita. *(sumamente)*
2. Para tener electricidad aquí, es necesario _____ líneas eléctricas. *(tender)*
3. Quiero ir a Europa este año en un _____ grande. *(barco)*
4. Cuando uno respira, usa los _____. *(pulmones)*
5. La mitad de un pie son seis _____. *pulgadas*
6. La _____ más alta de Norteamérica es McKinley. *(montaña)*
7. Los Rockies son una _____ de la América del Norte. *(cordillera)*
8. Yo _____ a María cuando éramos más jóvenes. *(amo)*
9. Lo que dice el profesor es muy _____. *(extraño)*
10. Hace frío hoy, y yo creo que mañana va a _____. *(nevar)*

C / Answer the following questions. (Not all of these are answered in the reading; they call on your general knowledge of Latin America.)

1. ¿Cuál es el río más largo de Sudamérica?
2. ¿Cuál es el país más grande de Sudamérica?
3. ¿Puede Vd. nombrar cinco países de la América Latina? ¿Diez? ¿Quince?
4. ¿Cómo se llama la gran cordillera de la América del Sur?
5. ¿Cuáles son los océanos de las Américas?
6. ¿En qué país está Buenos Aires? ¿Río de Janeiro? ¿Bogotá? ¿Caracas?
7. ¿Cómo atraviesan los barcos la tierra de Centroamérica?
8. ¿Cuál cuesta menos, el transporte por barco o por avión?
9. ¿Prefiere Vd. viajar en barco o en avión?
10. ¿Qué estación del año tienen en Buenos Aires en agosto?

2 LOS INDIOS DE LATINOAMÉRICA

Las ruinas de Machu-Picchu, maravilla de arquitectura incaica. (Perú)

Pequeña estatua de plata, representando un hombre con vestidos adornados de vegetales. En la mano lleva unos choclos. (Perú)

cognates

absoluto, aceptado, agricultura, arquitecto, ártico, Asia, astronomía, autoridad, azteca, calendario, carácter, central, cero (0), civilización, comunicar, comunidad, constituir, construcción, construir, controlar, decaer, descendiente, distinto, dividir, elemental, especial, etcétera, excepción, federación, fenómeno, formado, grupo, inca, India, indígena, individuo, jeroglífico, llama, magnífico, matemática, maya, migración, minuto, nación, nativo, notable, originario, precisión, profundo, puro, sacrificio, sistema, templo, teoría, tribu, uso, utilizar

new words

1 asombrar (dar sorpresa a)   Me asombra saber que estás enferma.
2 camino (calle)   Hay mucho tránsito en este camino.
3 cruzar (atravesar, ir de un lado a otro)   Vamos a cruzar este camino.
4 cuerda   El violín tiene cuatro cuerdas.
5 heredar (recibir de antecesores)   El heredó mucho dinero de su papá.
6 hielo (el estado sólido del agua)   Me gusta tomar una Coca-Cola con mucho hielo.
7 luchar (disputar, combatir)   Los soldados lucharon mucho en la guerra.
8 maíz (producto agrícola; es amarillo)   Me gusta comer maíz durante el verano.
9 mensajero   El mensajero me trajo una carta de mi jefe.
10 mercancía (productos que se venden)   Hay mucha mercancía bonita en esta tienda.
11 nudo   Los "Boy Scouts" aprenden a hacer nudos en las cuerdas.
12 piel (membrana que cubre el cuerpo)   La niña tiene la piel morena.
13 puente (construcción para cruzar un río)   No quiero comprar el puente de Brooklyn.
14 quizá (expresión de duda)   Quizá voy al cine esta noche, quizá no.
15 rueda   Mi coche tiene cuatro ruedas, pero mi bicicleta tiene sólo dos.

1 to surprise	4 string, cord	7 to fight	10 merchandise	13 bridge
2 road	5 to inherit	8 corn	11 knot	14 perhaps, maybe
3 to cross	6 ice	9 messenger	12 skin	15 wheel

related words

conocimiento (de conocer) — *knowledge*
escritura (de escribir) — *writing*
mantener (de tener) — *to maintain*
tercero (de tres) — *third*

expressions

a causa de — *because of*
en cambio — *on the other hand*
por medio de — *by means of*

Los Indios de Latinoamérica

Cuando los conquistadores españoles llegaron a América, se encontraron con los indígenas de estas tierras, que pertenecían a una raza desconocida. El color de su piel, su pelo, sus ropas, sus lenguas, sus costumbres, todo era distinto. Y, como creían que habían llegado a la India, los llamaron "indios." Ahora sabemos que no eran de la India. Pero, entonces, ¿de dónde eran estos "indios"?

Una de las teorías más aceptadas dice que eran originarios del Asia. Algunos creen que las islas entre Alaska y Asia en el Estrecho de Bering formaban un "puente de tierra" que los indios utilizaron en su migración. O quizá llegaron a América cruzando sobre los hielos árticos, o quizá por mar. Otros, en cambio, consideran que el hombre americano es nativo de estas tierras.

Los indios vivían en tribus. Su cultura era elemental, con la excepción de tres grandes grupos: los aztecas en México, los mayas en México y Guatemala, y los incas en Perú. Probablemente la más grande de estas civilizaciones fue la maya. Conocían la escritura: las paredes de piedra de sus templos están cubiertas de jeroglíficos. También tenían profundos conocimientos de matemática y astronomía. Nos asombra hoy la precisión de su calendario. Además, fueron los primeros del mundo en usar el cero en su sistema de números.

La religión ocupaba un lugar muy importante en la vida de los mayas. Los dioses controlaban la agricultura y los fenómenos de la naturaleza. Había un dios para la lluvia, otro para el maíz, etcétera. Aunque no practicaban el sacrificio humano, empezaron a practicarlo en los últimos días de su civilización.

Los mayas constituían una nación formada por varias ciudades-estados. No tenían un gobierno central fuerte, y muchas veces las ciudades luchaban entre sí. A causa de esto, su civilización había decaído y perdido su importancia cuando llegaron los españoles.

Los aztecas vivían en lo que es hoy la Ciudad de México. Heredaron de los mayas sus conocimientos de matemática y astronomía. Fueron también notables arquitectos. Todavía se pueden admirar algunas grandes construcciones que usaban como templos.

Los aztecas tenían un sistema de gobierno más fuerte que la federación de los mayas. Aunque su rey no tenía poder absoluto, tenía en cambio mucha autoridad. La religión también era muy importante para los aztecas. Ella controlaba cada minuto de sus vidas. También practicaban mucho el sacrificio humano.

De estas tres civilizaciones, los incas tuvieron el mejor sistema político. Había un gobierno central muy fuerte. El Inca era el "rey," y todos creían que él era descendiente del Sol. El Inca debía mantener pura su sangre; para esto, tenía que casarse con su hermana. ("El Inca" es el *rey*; "los incas" son la gente.)

En esta civilización, lo más importante no era el individuo sino la comunidad. La tierra pertenecía al Inca, pero el producto de ella se dividía en tres partes. Una era para la comunidad, otra para la religión, y la tercera era para el Inca.

Los incas no tenían un sistema de escritura, pero se comunicaban por medio de "quipos." Éstos eran cuerdas de diversos colores en que hacían nudos. Los mensajeros llevaban los quipos

Las Pirámides del Sol y de la Luna en la ciudad sagrada de los Toltecas. Provocan la admiración de todos los turistas que visitan la zona. (México)

de un lugar a otro por los magníficos caminos que los Incas habían construido por todo el país. El transporte de las mercancías se hacía por medio de llamas. (Los incas, igual que los mayas y los aztecas, no conocían el uso de la rueda.)

En la religión de los incas había un dios mayor—el Sol—y dioses menores. El Inca no era un dios, pero tampoco era un hombre: era descendiente del Sol. Esto le daba un carácter especial. Era el jefe de la religión y del gobierno. Los incas practicaban también el sacrificio humano, pero mucho menos que los aztecas.

Como vemos, no había nada en común entre los indios y los españoles que vinieron al nuevo mundo. Todo era distinto: la raza, la lengua, la religión, las costumbres. Por eso, el español no pudo entender al indio. Ni el indio al español.

Fragmento de una piedra mexicana. Se puede observar una figura humana, posiblemente un rey o sacerdote. (México)

A / Select the answers which correctly complete the following sentences. (Notice that there is always at least one right answer.)

1 / Los mayas
a   vivían en Perú.
b   tenían un calendario de mucha precisión.
c   usaban llamas.

2 / Los aztecas
a   heredaron conocimientos de matemática de los mayas.
b   se comunicaban por medio de quipos.
c   no sabían el uso de la rueda.

3 / Los incas
a   no tenían un gobierno central muy fuerte.
b   nunca practicaron el sacrificio humano.
c   tenían un magnífico sistema de caminos.

4 / La llama
a   es un animal que se usaba para el transporte.
b   es un animal bastante feo.
c   es un animal que no existe ahora en el mundo.

5 / Un quipo
a   era una cuerda de diversos colores.
b   servía para la comunicación.
c   era algo que comer.

6 / El "rey" de los aztecas cuando llegaron los españoles era
a   Atahualpa.
b   Moctezuma.
c   Huáscar.

7 / El Inca
a   no podía escoger su novia.
b   era descendiente del Sol.
c   era jefe de una teocracia.

B / Answer the following questions orally.

1   ¿Por qué usaron los conquistadores la palabra "indios"?
2   ¿De dónde cree Vd. que vinieron los indios?
3   ¿Qué nación india era una federación de ciudades-estados?
4   ¿Sabían escribir los mayas? ¿Tenían un alfabeto?
5   ¿Qué tribu de indios vivía en lo que hoy es la capital de México?
6   ¿De qué era descendiente el Inca?
7   Los incas no podían escribir. ¿Cómo se comunicaban?
8   ¿Era el gobierno de los incas una forma de comunismo? ¿Cómo?
9   En la opinón de Vd., ¿tiene importancia el concepto del cero? Comente Vd.
10 Comente Vd. la importancia de la rueda.

3 LOS ESPAÑOLES

Esta miniatura medieval ilustra un paisaje castellano. Entre la iglesia y el castillo hay un grupo de caballeros españoles vestidos al estilo del tiempo. (España)

cognates

anglosajón, bautizar, capitán, capítulo, catolicismo, católico, cometer, concepto, conquista, consecuencia, contribuir, cristiano, cruel, demostrar, descubrimiento, dialecto, dominio, duque, europeo, exceso, expedición, expulsar, extender, fabuloso, fanatismo, hispánico, historia, increíble, inferior, iniciar, inmenso, inquisición, intención, latín, manual, metal, mina, moderno, momento, moro, naturalmente, noble, numeroso, obligar, organización, origen, participar, particular, posibilidad, pretender, propagar, propiedad, protección, protesta, proyecto, realidad, reemplazar, religioso, resultado, rudo, sentimiento, social, sombrío, territorio, título, tradición, tradicionalmente, tribunal

new words

1. asunto   Esto de que hablamos es un asunto muy importante.
2. campesino (hombre simple del campo)   Ese campesino nunca ha visto una ciudad.
3. codicia (apetito de riquezas)   Ella tiene mucha codicia, quiere mucho dinero.
4. conducir (llevar de una parte a otra)   Lo que dice el profesor me conduce a estudiar más.
5. choque (encuentro violento entre dos cosas)   Vi un choque de autos ayer.
6. derrotar (ganar [la guerra])   Los españoles derrotaron a los indios.
7. esclavo (persona sin libertad)   Los negros eran esclavos.
8. fe (base de la religión)   Yo tengo fe en Dios. Ella sigue la fe cristiana.
9. hazaña (acción o hecho)   Las hazañas de los héroes eran maravillosas.
10. hereje (uno que cree contra una religión)   La Inquisición mató a muchos herejes.
11. judío (persona que sigue la fe hebrea)   Mi amigo Jeff Goldstein es judío.
12. juzgar   Tengo que juzgar quién tiene razón y quién no. La Corte Suprema juzga muchos casos importantes.
13. labrador (persona que trabaja la tierra)   Ese hombre es un simple labrador.
14. ley (regla)   El Congreso establece las leyes de los Estados Unidos.
15. soldado (hombre que lucha en la guerra)   Había muchos soldados en Viet Nam.
16. voz   Cuando hablo, usted oye mi voz.

1 matter	5 shock, crash	9 deed	13 farmer, farm worker
2 peasant, farm worker	6 to defeat	10 heretic	14 law
3 greed	7 slave	11 Jew	15 soldier
4 to lead, to drive	8 faith	12 to judge	16 voice

related words

infiel (de fe) — *infidel, unfaithful*
lucha (de luchar) — *fight, battle*
maltrato (de mal y de tratar) — *bad treatment*
nobleza (de noble) — *nobility*
verdadero (de verdad) — *true*
ser — (infinitive used as a noun) *being*

expressions

a pesar de — *in spite of*
de otro modo — *otherwise*
Edad Media — *Middle Ages*
frente a frente — *face to face*
llegar a ser — *to become*
por fin — *finally*

Los Españoles

El descubrimiento de América es un momento de luz en la historia de la humanidad. La conquista es, en cambio, un capítulo sombrío.

El oro y la plata que encontraron los españoles en estas tierras despertaron su codicia. Las leyendas sobre ciudades fabulosas construidas con metales preciosos condujeron a estos hombres a cometer hazañas increíbles.

¿Cómo eran en realidad estos españoles?

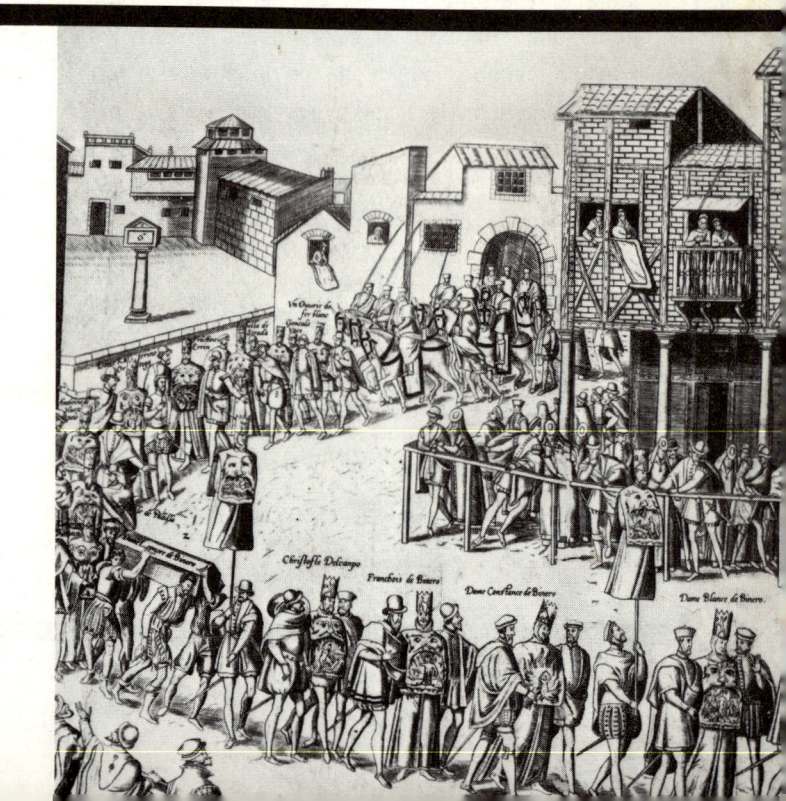

Es importante recordar que la civilización española tiene su origen en Roma. España fue un territorio que perteneció a Roma, y de ella tiene su lengua (el español es un "dialecto moderno" del latín), su religión (el catolicismo), y muchas de sus costumbres. Es una tradición distinta de la anglosajona de los Estados Unidos.

La religión ocupó un lugar muy importante en la vida de todos los pueblos europeos. Durante la Edad Media, todos participaban en las Cruzadas contra los moros. Los españoles, en particular, hicieron expediciones para echar a los moros y judíos de su territorio, a pesar de que éstos habían contribuido muchísimo a la cultura hispánica. Estas expediciones eran en parte guerras religiosas y en parte guerras políticas. El resultado fue que en España ese sentimiento religioso llegó a ser verdadero fanatismo, como demuestran los excesos que cometió la Santa Inquisición, alto tribunal que juzgaba a los "herejes."

En 1492 los reyes de España, llamados los "Reyes Católicos," expulsaron de sus dominios a los últimos "infieles." Cuando Colón les presentó su proyecto de viajar hacia el oeste, los Reyes Católicos vieron la posibilidad, no sólo de extender sus dominios, sino también de propagar la fe cristiana en ellos. Por eso, en cada expedición venían misioneros para bautizar a los indios en la "verdadera fe" e iniciarlos en la civilización hispánica.

En la España de 1500, además del rey había duques, condes, caballeros e hidalgos. La palabra "hidalgo" significa "hijo de algo"—es decir, hijo de un padre que vale "algo." Y esto era asunto de gran importancia para los españoles. Como los nobles eran tradicionalmente capitanes en las guerras, el noble consideraba que él no podía hacer el trabajo rudo de labradores o campesinos. Ni el noble ni sus hijos hacían trabajos manuales. El hijo mayor de un noble heredaba el título y la propiedad del padre, los otros eran soldados o sacerdotes. Servir a Dios o servir al rey eran los únicos trabajos para la gente noble española.

Este concepto del trabajo y la nobleza tuvo importantes consecuencias en la organización social del Nuevo Mundo. Como los españoles que llegaban a América eran casi todos hidalgos (o pretendían serlo), no trabajaron la tierra: querían ser capitanes—los que mandan—y obligaron al indio a hacer

---

Los "herejes" debían comparecer ante un tribunal que los juzgaba. Los que no eran absueltos morían en el fuego, que se ve a la derecha. (España)

el trabajo. El indio tuvo que trabajar en la tierra y en las minas porque era considerado como un ser inferior, como un esclavo.

Cuando un indio moría por exceso de trabajo era reemplazado por otro. La muerte de un indio no tenía mucha importancia para ellos, ya que muchos creían que era un ser humano sin alma. No todos los españoles pensaban así, naturalmente, y se empezaron a oír voces de protesta ante el rey. El maltrato al indio mereció numerosas leyes de protección. Pero, España quedaba muy lejos, y las buenas intenciones a veces no se cumplieron.

La lucha entre el español y el indio fue larga y cruel. No podía ser de otro modo, ya que era el choque de dos civilizaciones distintas que se encontraron frente a frente en un continente inmenso y aislado.

La lucha terminó cuando el indio cayó derrotado ante la mayor fuerza del enemigo.

La civilización española se extendió, por fin, por todo el continente que había conquistado.

Los moros y judíos eran indeseables para los españoles que los mataban, o en el mejor de los casos, los exiliaban en África. Éstos están en un barco para África. (España)

Poco después del descubrimiento de América, los reyes españoles comenzaron a recibir riquezas de las nuevas tierras. (España)

A / Match the sentences below with the phrases which best complete them.

1. Los españoles codiciaron D
2. La lengua española es G
3. La religión de los españoles era A
4. En su religión, muchos de los españoles llegaron a ser E
5. Colón presentó su proyecto de viajar al oeste en H
6. Un hombre cuyo padre valía algo era B
7. Los nobles no querían hacer I
8. Los que hacían el trabajo en el nuevo mundo eran J
9. Algunos españoles creían que el indio no tenía F
10. Para el indio los reyes establecieron C

a el catolicismo.
b un hidalgo.
c leyes de protección.
d el oro y la plata.
e verdaderos fanáticos.
f alma.
g un dialecto moderno del latín.
h 1492.
i trabajo manual.
j los indios.
k judíos.

B / Complete the sentences using the following list of words.

lejos   derrotar   ley   juzgar   hazaña   fe   choque   voz   judío   conducir   campesino

1. No puedo _juzgar_ cuál es el mejor de los dos.
2. Él era católico, y no podía casarse con ella, porque ella era _judío_.
3. Gómez vive en el campo; es un simple _campesino_.
4. No puede hablar porque hoy no tiene _voz_.
5. Si uno no sigue la _ley_, un policía puede echarlo en la cárcel.
6. Texas está muy _lejos_ de Chicago.
7. Ella va a la iglesia todos los días; es una muchacha de mucha _fe_.
8. Me parece que él no sabe bien _conducir_ un coche.
9. Había un accidente tremendo: un _choque_ entre tres coches.
10. Los norteamericanos _derrotar_ a los ingleses durante la Guerra de la Independencia.

21

4 EL NEGRO EN LATINOAMÉRICA

Estos esclavos negros trabajaban en una mina de diamantes, bajo la vigilancia de hombres blancos. (Brasil)

cognates

abuso, aceptar, adaptar, África, africano, alarmante, balanceo, causar, complejo, cristianismo, decreto, diferencia, dificultad, discriminación, dispersar, divinidad, elevar, emoción, enorme, especialmente, establecer, evidenciar, evidente, evocar, expresar, fama, firmemente, forma, general, honor, influencia, inmigrante, introducir, ironía, latino, magia, manifestación, nostalgia, plantación, preocupar, primordial, progresar, racial, residir, resultar, rítmico, secretamente, segregación

new words

1. alcanzar (obtener lo que se desea)   La actriz alcanzó fama y fortuna.
2. amargura (aflicción, disgusto)   Los soldados mataron a su esposa, pero él no siente amargura hacia ellos.
3. amo (jefe)   Mi amo me mandó hacerlo.
4. arrancar (sacar con violencia)   Los ingleses arrancaron a los negros de su patria en África.
5. azúcar (sustancia dulce)   Siempre tomo mi café con azúcar.
6. corona (símbolo del poder del rey)   El rey lleva la corona en la cabeza.
7. desarrollado   Los Estados Unidos es un país desarrollado, mientras Paraguay no es desarrollado.
8. lograr (alcanzar)   Los esclavos lograron su libertad.
9. manso (benigno y suave)   Este caballo es muy manso, me gusta mucho.
10. mezcla (combinación de varias cosas)   Él habla una mezcla de inglés y español.
11. página   Este libro tiene más de cien páginas.
12. raíz   Aunque no se ven, las raíces de ese árbol son grandes.
13. rango (categoría)   Esa mujer ocupa el rango social más alto.
14. súbdito (sujeto a autoridad)   Ellos eran súbditos del rey de España.
15. sudor   El caballo ha corrido mucho y está cubierto de sudor.
16. tambor (instrumento músico de percusión)   El tambor que toca él es muy grande.
17. tarea (trabajo)   Nuestra tarea es muy difícil, pero la vamos a hacer.
18. unir (juntar dos cosas)   Tratamos de unir las dos facciones.

1 to attain, to achieve	4 to uproot	8 to attain, to achieve, to succeed	10 mixture	14 subject	18 to unite
2 bitterness	5 sugar		11 page	15 sweat	
3 master	6 crown	9 gentle, tame	12 root	16 drum	
	7 developed		13 rank	17 task	

expressions

(a) fines de — (at) the end of
hoy día — today, nowadays
la mayor parte de — most of
no obstante — nevertheless, despite

related words

compraventa (de comprar y de vender) — buying and selling
esclavitud (de esclavo) — slavery
reina (de rey) — queen
sobrevivir (de sobre y de vivir) — to survive
sonar (de son) — to sound

El Negro en Latinoamérica

Hasta fines del siglo XV, América había sido la tierra en que el indio era dueño y señor. Llegaron los españoles, y con ellos vino a establecerse una nueva raza, la europea. Muy poco tiempo después, estos mismos españoles introducían la raza negra en el continente americano. (Los norteamericanos y los portugueses también compraron a los negros.) Se dice que unos seis millones de negros entraron al Brasil hasta fines del siglo XIX, todos como esclavos. Hoy día, se encuentra gente negra en todos los países de Latinoamérica, especialmente en los países del Mar Caribe.

En cómo llegaron los negros a esta tierra reside la diferencia que causa dificultades aún hasta hoy. Los negros llegaron como esclavos, mientras que la gente de las otras razas llegaron como inmigrantes libres. ¿Por qué trajeron esclavos los españoles?

Los conquistadores hicieron muchos abusos al indio, y la Reina Isabel estableció por decreto que el indio no debía ser tratado como esclavo, puesto que era súbdito de la Corona Española. A pesar de la buena intención de la reina, los abusos siguieron, y los indios morían en forma alarmante. Un sacerdote, Bartolomé de las Casas, aconsejó, para protección del indio, que se trajeran negros de África para hacer las tareas en los campos y en las minas. El negocio de la compraventa de esclavos empezó antes de 1520.

La esclavitud del negro ha sido una de las páginas más crueles en la historia del mundo. En ciertas partes de Latinoamérica, las plantaciones de azúcar produjeron enormes riquezas a sus dueños, con el sudor y la sangre de los pobres esclavos. Es una verdadera ironía que un producto tan dulce como el azúcar haya producido tanta amargura en una raza tan mansa y sufrida como la negra.

Los latinoamericanos dicen que en sus países no existe la discriminación racial como en los Estados Unidos. Esto se debe en parte a que en la mayoría de los países, la población es de varias razas. (En algunos países la mayor

24

parte de la gente es blanca.) Sin embargo, resulta evidente que las clases sociales más altas están constituidas por blancos, y las más bajas por gente que tiene la piel morena o negra. En Latinoamérica no tienen segregación, pero seguramente tienen discriminación, y el negro ha tenido muy pocas oportunidades para elevarse en la sociedad.

Si el español trajo su civilización al Nuevo Mundo, el negro también trajo la suya. Las diversas naciones africanas tenían civilizaciones bastante complejas, con gobierno y organización bastante desarrollados. Lo único que les faltó fue un sistema de escritura. Los negros no pudieron continuar muchas de sus costumbres en el Nuevo Mundo, porque fueron dispersados en distintos lugares. No obstante eso, en la Latinoamérica de hoy, numerosas manifestaciones evidencian una fuerte influencia africana.

Esta influencia es muy clara en la música. Casi toda la música que llamamos "latina" tiene sus raíces en Africa. Entre los negros la música tenía un papel primordial. A través de la música y el baile, no sólo expresaban sus sentimientos y emociones sino que se unían con la Divinidad. También a través del rítmico sonar de sus tambores, del rítmico balanceo de sus

En Cartagena había un mercado en donde los negros eran ofrecidos en venta. Esta foto es una "re-creación" para una película. (Colombia)

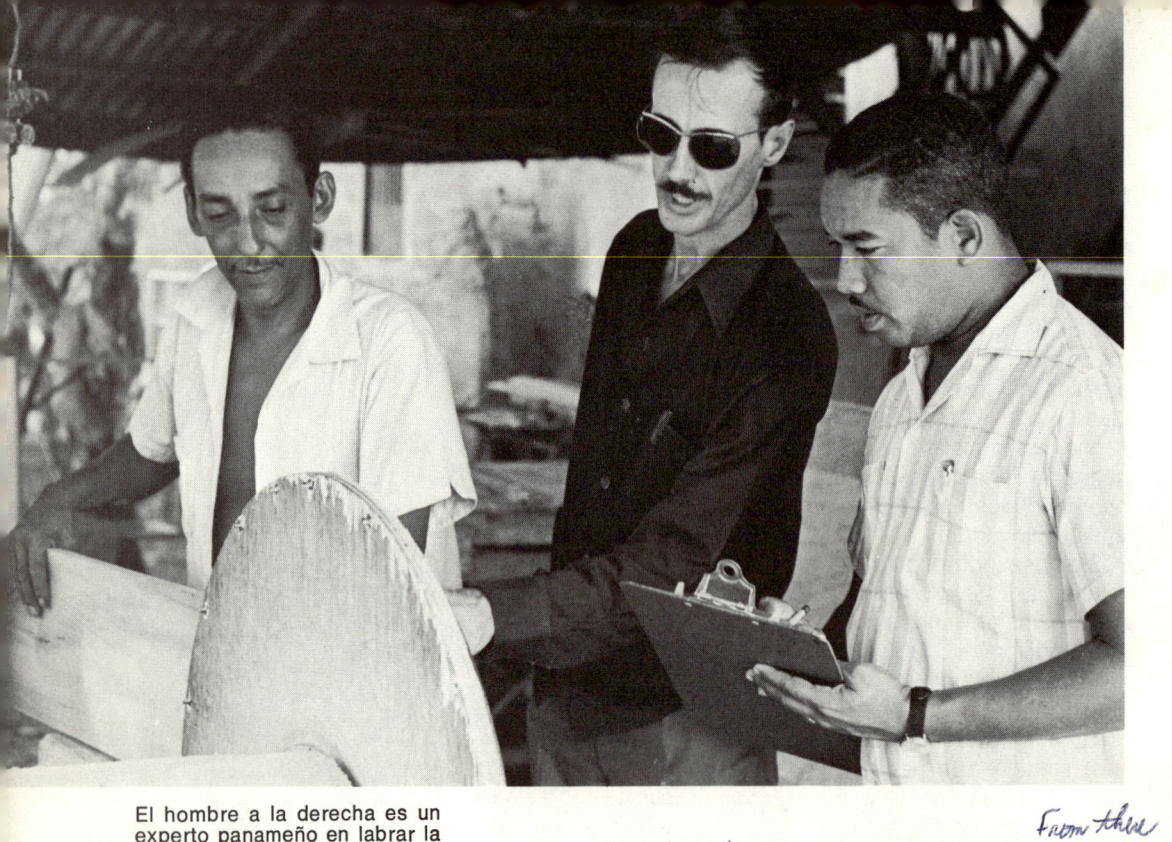

El hombre a la derecha es un experto panameño en labrar la madera. Aquí habla con un experto francés; los dos van a planear un proyecto importante para la producción panameña. (Panamá)

cuerpos, lograban evocar en su nostalgia la lejana patria de que habían sido arrancados.

Los negros tenían sus propias religiones, pero en América tuvieron que aceptar la de sus amos. Se bautizaron en el catolicismo, pero algunos lo adaptaron a sus prácticas más o menos secretamente. La magia era muy importante entre ellos, y sobrevive hoy en el Vodún ("Voo-Doo") que se practica en partes de Haití. De ahí que mucha gente negra tiene ahora una religión que es mezcla de cristianismo y de varias religiones africanas.

Hoy día los negros de América están progresando, y algunos de ellos han alcanzado fama, fortuna, y honores. Pero en general, el negro ocupa el rango social más bajo, y las posibilidades para progresar, si no firmemente cerradas, al menos le son bien difíciles.

A / Indicate if the following statements are true or false. *verdad mentira*

1. Los españoles eran una raza nueva en América. V
2. Los negros llegaron en el mismo estado que los españoles. M
3. Hay muchos negros en el Brasil. V
4. Los indios morían mucho al principio del período colonial. V
5. Los negros nunca han trabajado en las plantaciones de azúcar. M
6. La discriminación racial no existe en Latinoamérica. M
7. La segregación racial no existe en Latinoamérica. V o M
8. Las civilizaciones negras de África tenían un sistema de escribir. M
9. Los negros fueron dispersados en distintos lugares. V
10. Todos los negros de Latinoamérica siguen el catolicismo puro. M

B / Change the following sentences to past time. (Watch for differences between preterite and imperfect.)

1. Ella no alcanza lo que quiere. *(alcanzaba / quería)*
2. Después de trabajar mucho, él logra su libertad. *(logró)*
3. Ellos unen estas dos cosas. *(unían)*
4. El español trae al negro a América. *(trajo)*
5. Los negros tienen su propia religión. *(tenían)*
6. El sacerdote aconseja la importación de negros. *(aconsejó)*
7. La población es blanca e india. *(era)*
8. Juan se bautiza en el catolicismo. *(se bautizó)*
9. María sigue esa religión. *(era (fue))*
10. Los negros no pueden continuar sus tradiciones. *(podían) (pudieron)*

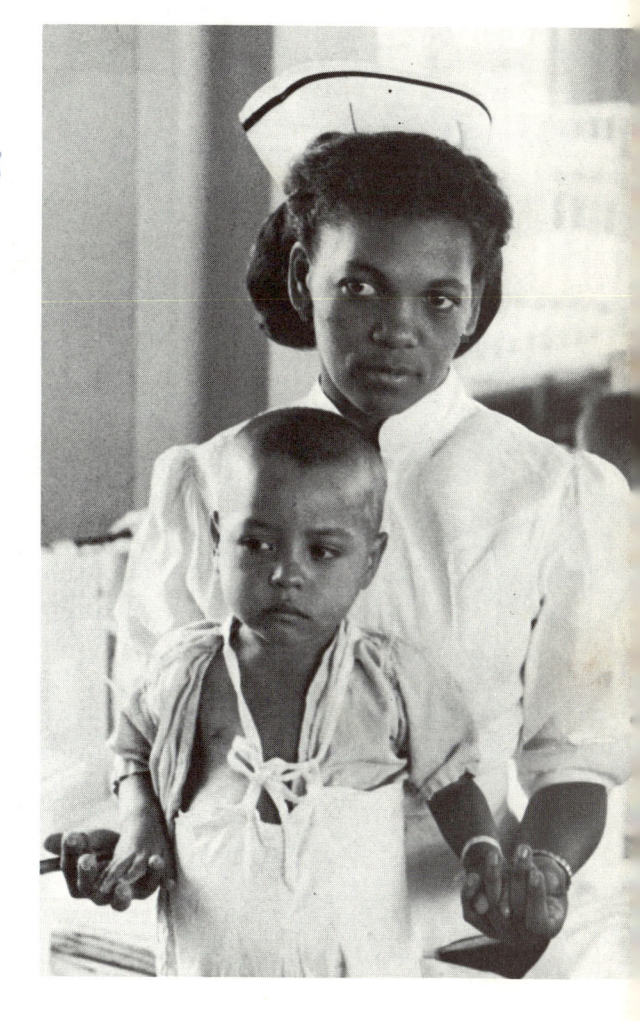

Esta enfermera negra trabaja con los niños en el hospital más grande de Costa Rica. (Costa Rica)

5 LA RELIGIÓN

Plaza central de Cuzco. En todas las ciudades, la iglesia o la catedral domina la plaza en el centro de la ciudad, como se ve aquí. (Perú)

cognates

aborigen, acto, agrupar, anterior, aparecer, aparición, árido, basílica, bautismo, claridad, complicar, confesión, conservar, convento, convertir, credo, Cristo, cultural, desaparecer, destruir, diferente, elemento, eliminar, estatua, facilidad, honrar, idea, identificar, ídolo, imagen, impregnar, mentalidad, mexicano, observar, organizar, paganismo, pagano, patrón, penitencia, politeísta, poncho, profesar, protestante, rito, ritual, rosa, secreto, simbolismo, supremo, teología, totalmente, trasplantar, virgen, visión

new words

1. cabello (lo que cubre la cabeza) Esa muchacha tiene el cabello negro. El profesor, en cambio, casi no tiene cabello.
2. colina (montaña muy pequeña)
3. desplegar (desdoblar) Hay que desplegar la ropa que acaba de llegar de la lavandería.
4. milagro (cosa rara, maravillosa) No murió; fue un milagro de la medicina.
5. monje (hombre que vive en un monasterio) El hermano Roberto es un monje simpático.
6. musulmán (persona que sigue la fe árabe) Mi amigo Mohammed es musulmán.
7. obispo (sacerdote que tiene jurisdicción sobre una diócesis) El Obispo Sheen es uno de los obispos más famosos.
8. pecado (acción inmoral o mala) Todos debemos evitar el pecado.
9. predicar (dar un sermón) El sacerdote predica todos los domingos.
10. retrato (imagen pintada o fotográfica) Aquí tienes un retrato de mi familia.
11. traza (resto, apariencia) Queremos eliminar toda traza de discriminación.

1 hair	3 unfold	5 monk	7 bishop	9 to preach	11 trace
2 hill	4 miracle	6 Moslem	8 sin	10 picture, painting	

expressions

en la actualidad — *at the present time*   a cargo de — *under the responsibility of*

related words

canto (de cantar) — *song, chant*

cercano (de cerca) — *nearby*

comprobar (de probar) — *to prove*

conseguir (de con y de seguir) — *to achieve, to acquire*

cruz (de cruzar) — *cross*

diosa (de Dios) — *goddess*

duradero (de durar) — *lasting*

pase (de pasar) — *change (to something else)*

poderoso (de poder) — *powerful*

recorrer (de correr) — *to travel through, to overrun*

sabio (de saber) — *wise*

sacerdotal (de sacerdote) — *priestly*

De todas las manifestaciones culturales que trasplantaron los españoles a América, las dos más duraderas han sido la lengua castellana y la religión católica.

En la actualidad, casi todos los hispanoamericanos profesan esa religión. También hay personas de otros credos: judíos, protestantes, musulmanes. La tercera parte de los católicos del mundo viven en Latinoamérica.

Las religiones indígenas de América eran politeístas, como puede comprobarse al observar las enormes estatuas de piedra, de diferentes dioses, que aún se conservan. Pero en todas, había un dios más poderoso que los otros, un dios supremo. En algunas religiones se practicaba la confesión de los pecados, seguida de actos de penitencia. Había también un ritual bastante parecido al bautismo. Casi todas las familias indias tenían ídolos en sus casas. Las grandes civilizaciones indígenas americanas tenían la vida religiosa muy organi-

La Religión

zada, con un ritual complicado, a cargo de la clase sacerdotal. Estos sacerdotes vivían agrupados en grandes casas muy parecidas a los conventos de los monjes cristianos. Los indios conocían también la cruz pero no, claro está, con el simbolismo cristiano.

Debido a todo esto, el pase al cristianismo fue bastante fácil para el indio. Podía aceptar la idea de un dios supremo, los sacerdotes, el bautismo, y la confesión. Sacerdotes y misioneros recorrieron toda América, predicando la nueva religión. Los indios se convirtieron así al cristianismo.

Pero, si es cierto que aceptaron la nueva religión con facilidad, es igualmente cierto que no abandonaron totalmente la anterior. Conservaron sus bailes religiosos, sus ídolos paganos, y algunas otras prácticas de sus religiones. En cambio, el sacrificio humano desapareció totalmente.

Durante la Conquista, hubo sacerdotes que trataron de eliminar toda traza de

En muchos casos las iglesias católicas se elevaban sobre los antiguos templos paganos. En esta foto se puede observar, a la izquierda, la pared curva que pertenecía al templo inca del Sol. (Perú)

paganismo, destruyendo templos e ídolos para levantar iglesias cristianas. Pero fue tarea inútil. Mientras que ellos creían haberlo eliminado, los indios seguían en secreto algunos de sus ritos.

Otros sacerdotes, más sabios, comprendieron que el indio necesitaba identificarse con la nueva religión. Para conseguir esto, había que adaptar la teología cristiana a la mentalidad indígena. El catolicismo se impregnó así de numerosos elementos aborígenes: cantos, bailes, y leyendas de los indios.

Una manifestación de estos elementos indios es la historia de la Virgen de Guadalupe, la santa patrona de México. En 1531 un indio llamado Juan Diego cruzaba una colina cercana a la ciudad de México cuando se le apareció una joven india en medio de una vivísima claridad. La aparición le dijo que ella era la Madre de Dios y de Todos los Indios, y que quería un templo en ese lugar para honrarla. Juan Diego fue a contarle al Obispo lo que había pasado, pero éste no lo creyó. Una segunda vez tuvo Juan Diego la visión de la Virgen, y una segunda vez el Obispo dudó. La tercera vez, la Madre de Todos los Indios hizo un milagro: aparecieron rosas en el lugar de su aparición, un lugar muy árido. Juan Diego recogió las rosas en su poncho para presentárselas al Obispo. Cuando lo desplegó, las rosas habían desaparecido, y en su lugar apareció la imagen de la Virgen. En el retrato, que todavía se conserva, la Virgen es una mujer india, con piel morena y cabellos negros.

Se construyó la Basílica de Guadalupe para honrar a la Madre de Dios y de Todos los Indios. Se eleva en el mismo lugar donde antes se honraba a la diosa azteca Tonantzín ("nuestra madre").

Los indios mexicanos pudieron aceptar la religión de los españoles y aun identificarse con ella. Si la Virgen—la Madre de Cristo—era india, entonces el indio podía muy bien ser cristiano. Cosas semejantes ocurrieron en las diferentes partes de América del Sur, y la religión católica se extendió por todo el continente.

Representación del dios azteca de la lluvia, Tlaloc, que maravilló a Hernán Cortés y sus hombres cuando llegaron a México. (México)

A / Answer each of the following questions orally with a complete sentence, choosing the correct alternate given in the question.

1. ¿La mayoría de los latinoamericanos son católicos o protestantes?
2. ¿Los indios tenían muchos dioses o uno sólo?
3. ¿Vivían los sacerdotes indios en casas particulares o en conventos?
4. ¿Los indios se convirtieron al cristianismo o se quedaron con el paganismo?
5. ¿Se quedaron los indios con el sacrificio humano o lo abandonaron?
6. ¿Pudieron los misioneros eliminar el paganismo completamente, o seguían los indios con algunos de sus ritos?
7. ¿Qué había en el poncho de Juan Diego, rosas o una pintura?
8. ¿Parece la Virgen de Guadalupe una mujer india o una mujer europea?
9. ¿Podía el indio identificarse con el cristianismo, o tuvo que rechazarlo?
10. ¿Se quedó el catolicismo en México o se extendió por todo el continente?

Imagen de la Virgen de Guadalupe, la santa patrona de México. Tiene los rasgos de una mujer india. (México)

B / Write an original sentence using the words given below in the order in which they are given. Add words and make any changes necessary for correctness.

1. sacerdote / destruir / ídolo
2. español / desterrar / judío / musulmán
3. católico / practicar / confesión / pecado
4. monje / vivir / convento
5. indio / poder / identificarse / español
6. Dios / hacer / milagro / hoy día
7. religión / indio / politeísta
8. obispo / creer / milagro / Virgen
9. Juan Diego / ver / aparición
10. Guadalupe / santa patrona / México

C / Discuss the following questions.

1. ¿Cree Vd. en los milagros? ¿Por qué?
2. ¿Cree Vd. que la Virgen se apareció a Juan Diego? ¿Por qué?
3. ¿Debieron los españoles convertir a los indios al catolicismo? ¿Por qué?
4. ¿Debe el hombre creer en un Ser Supremo? ¿Por qué?

6 LA ÉPOCA COLONIAL

Los indios tenían que trabajar como esclavos. Este dibujo es de las minas de plata en Potosí. (Bolivia)

cognates

acceso, actor, administrar, administrativo, agitar, ansia, aptitud, aristocracia, basar, básico, círculo, civilizar, colonia, corte, defecto, delegar, democrático, dignidad, económico, ejercitar, elegante, épico, estilo, explorar, gaucho, gobernar, historiador, individualismo, injusticia, instrumento, jerarquía, justicia, legítimo, lenguaje, liberar, místico, narrar, oficial, período, personalmente, posesión, presidente, presidir, prohibir, promesa, público, rebeldía, respeto, revolución, separar, sesión, sublime, supervisar, tipo, valiente, viril, visionario

new words

1 amparo (protección)   La religión da amparo a los que lo quieren.
2 brindar (ofrecer)   El descubrimiento les brindó muchas oportunidades.
3 consuelo (alivio, consolación)   El señor González nos dio todo el consuelo que podía.
4 crecer (el aumento natural de las cosas que viven)   ¡Mira cuánto ha crecido el niño!
5 encargar (dar responsabilidad a)   Yo te encargo el trabajo.
6 esquina (intersección de dos calles)   Me encontraré contigo en la esquina de Broadway con High Street.
7 farol   En 1840 instalaron faroles y la gente podía ver en las calles de noche.
8 idioma (lengua)   El español es el idioma que hablan en el Ecuador.
9 juglar   En la Edad Media, los juglares iban de lugar en lugar, cantando, entreteniendo a la gente, y recitando poemas.
10 lento (despacio, no rápido)   Juan es muy lento en su trabajo.
11 probar (experimentar)   Voy a probar mi suerte aquí.
12 rodear (andar alrededor)   El mundo que nos rodea es muy interesante. Los alumnos revolucionarios rodearon el edificio de ROTC.
13 señalar (llamar atención a)   Juan señaló a la muchacha que le habló. Ese político siempre señala las injusticias que ve en el gobierno.
14 surgir (aparecer, nacer)   Un grupo nuevo ha surgido recientemente.

1 aid, protection
2 to offer, to offer a toast to
3 consolation
4 to grow
5 to put in charge, to entrust
6 corner
7 street light (especially the old-fashioned gas type)
8 language
9 minstrel
10 slow
11 to try, to test
12 to surround
13 to point out
14 to spring forth, to appear

related words

cantante (de cantar) — *singer*
costoso (de costar) — *costly*
desembocar (de boca) — *to flow out of*
desenvolver (de volver) — *to develop, to unfold*
durar (de duradero) — *to last*
empedrar (de piedra) — *to pave*

heredero (de heredar) — *heir*
mayoría (de mayor) — *majority*
nombrar (de nombre) — *to name*
real (de rey) — *royal*
sueño (de soñar) — *dream*
valor (de valer) — *bravery, worth*

expressions

a su vez — *in turn*
a medida que — *as*

estar de acuerdo — *to be in agreement*
poder — *(infinitive used as noun) power*

35

Poco después de descubiertas estas tierras, comenzaron a partir de España expediciones con todos los elementos necesarios para establecerse. Comienzan así a nacer las primeras poblaciones españolas en América, que iban a durar tres siglos. En este largo período, España dio a sus colonias su tipo de organización política, social, y económica; su lengua; su fe; sus costumbres, y sus ideas. No se puede comprender a la Latinoamérica de hoy sin recordar los trescientos años en que fue posesión de España.

Junto con el Nuevo Mundo surgieron muchos problemas: llegaban tesoros que había que administrar; era necesario hacer mapas de las zonas exploradas; administrar justicia; y supervisar la Iglesia.

Los reyes tenían mucho interés en sus colonias, pero no las podían gobernar personalmente. La distancia que separaba a América de España era mucha, y la comunicación muy lenta. Los reyes tuvieron que delegar su poder en otros. Éstos que gobernaban en nombre del rey eran los virreyes (vicerey: virrey). Los virreyes

La Época Colonial

vivían en América rodeados de otros nobles y formaban una pequeña corte al estilo europeo. Ellos constituyeron la aristocracia del Nuevo Mundo, llevando un estilo de vida muy elegante. Los criollos—personas nacidas en América de padres europeos—no tuvieron acceso a esos círculos de las clases más altas.

En los primeros años, como las expediciones eran muy costosas, se encargaban de ellas poderosos señores españoles. El rey les daba el título de Adelantados. Ellos probaban su suerte en el Nuevo Mundo, y a su vez le daban una parte del tesoro al rey.

El instrumento básico de la autoridad real en las ciudades fue el Cabildo, un tipo de "city council." La mayoría de los cabildantes eran españoles nombrados por el rey. No obstante, hubo veces que llegaron a esos cargos los criollos, para quienes los otros cargos les estaban prohibidos. A veces, el Cabildo tenía sesiones a que invitaban a todos. Los historiadores están de acuerdo en decir que estos "cabildos abiertos" fueron escuelas en donde se ejercitó el sistema democrático.

Sevilla—en España—era el centro administrativo para las colonias. Todo el comercio con el Nuevo Mundo hispánico pasó por esta ciudad. (España)

Debajo de los Virreyes, Presidentes, Adelantados, y Capitanes Generales, había oficiales de menor jerarquía que presidían los diferentes centros administrativos. Todos debían ser españoles nacidos en España.

A medida que el tiempo iba pasando las poblaciones crecían en importancia. Se comenzaron a empedrar algunas calles, se pusieron faroles en las esquinas, se abrieron escuelas públicas en las ciudades, comenzaron a venir actores y cantantes europeos para los primeros teatros, el comercio se extendió, Latinoamérica comenzaba a crecer, hermosa en promesas. Era la heredera legítima de esa España pobre pero visionaria, valiente, mística. España dio a sus colonias todo lo que tenía:

Su lengua—El español es uno de los idiomas más ricos del mundo. Con él narraron los juglares las épicas hazañas de los caballeros castellanos; con él expresaron los místicos los sublimes transportes de sus almas.

Su religión—La cruz cristiana abrió sus brazos desde México hasta el lejano Cabo de Hornos. Brindó su amparo y su consuelo a los que sufrían; señaló injusticias hacia los indios; enseñó a leer y a escribir. Civilizó.

Su forma de gobierno—El imperio, a pesar de sus defectos, ofreció un sistema, y durante trescientos años los hispanoamericanos pudieron progresar y desenvolver sus aptitudes.

Su individualismo—Ese individualismo basado en el enorme respeto por la dignidad del ser humano que desembocaría en el correr de los años en el ansia de vida democrática que agitó a toda Hispanoamérica.

Su tradición de valor—que llegó hasta aquellos gauchos pobres que siguieron a San Martín y Bolívar en sus sueños de liberar a todo un continente.

España dio todo, todo lo que tenía. Y recibió de América todo lo que ésta tenía: su plata, su oro, sus muchos tesoros. Pero también recibió su grito viril de rebeldía contra la Madre Patria, cuando sonó la hora de la revolución.

Los gachupines recibieron los altos puestos en las colonias, y trajeron a América el modo cortesano europeo. Este retrato es del Coronel Vicente Gómez de la Cortina y su familia. (México)

A / Answer the following questions.

1. ¿Durante cuántos años fueron los países hispanoamericanos colonias de España?
2. ¿Quién gobernaba en nombre del rey?
3. ¿Por qué no podían los reyes gobernar el nuevo mundo personalmente?
4. ¿Qué clase constituyó la aristocracia del nuevo mundo?
5. ¿Qué es un "criollo"?
6. ¿Qué era un "cabildo"?
7. ¿Qué era un "cabildo abierto?"
8. ¿Cómo avanzaron las colonias durante el período colonial?
9. ¿Qué dio España a sus colonias?
10. ¿Que recibió España de sus colonias?

B / Use each of the following expressions (given in chapters 1–6) in an original sentence.

1. de otro modo — *otherwise*
2. no obstante — *despite*
3. a causa de — *because of*
4. a cargo de — *(under the responsibility of)*
5. a través de — *across*
6. frente a frente — *face to face*
7. en la actualidad — *at the present time*
8. en cambio — *on the other hand*
9. a fines de — *at the end of*
10. a pesar de — *in spite of*

C / Discuss the following questions.

1. ¿Es buena o mala la colonización en general? ¿Por qué?
2. ¿Cuáles son los aspectos buenos de la colonización?
3. ¿Cuáles son los aspectos malos de la colonización?
4. Después de un período de colonización, ¿es necesaria una revolución?
5. ¿Cuándo se debe terminar el período de colonización de una colonia y dar independencia?

7 INDEPENDENCIA

Con su ejército libertador, San Martín cruza los Andes. Sorprende a los españoles, y los derrota en la Batalla de Chacabuco. (Chile)

cognates

argentino, arma (military type), batalla, campaña, característica, colonial, competir, concebir, conversación, destituir, Europa, futuro, héroe, honra, hostil, ideario, importar, impresionante, independencia, independiente, independizar, indiferencia, invadir, invasor, invisible, junta, libertador, libertar, memoria, monumento, movimiento, norteamericano, peninsular (applied to Spain), posteridad, pretexto, provocar, rebelar, rebelión, recuperar, representante, resentimiento, revolucionario

new words

1. brotar (surgir)   Las flores brotan en la primavera. Un grupo revolucionario ha brotado recientemente.
2. ejército (organización de soldados)   El ejército luchó valientemente.
3. emprender (encargarse de una tarea y comenzarla)   Él emprendió una tarea muy difícil.
4. engendrar (procrear, propagar)   Esa acción engendró mucho resentimiento.
5. estallido (explosión)   Eso causó el estallido de la guerra.
6. gachupín (persona de España [desfavorable])   Ese gachupín es de Madrid.
7. huir (salir rápidamente, y con miedo)   El prisionero huyó de la policía.
8. leal (no traicionero)   Ella es mi amiga más leal. Los soldados son leales al dictador.
9. mestizo (persona que es medio indio y medio europeo)   La mayoría de los mexicanos son mestizos.
10. odio (contrario de amor)   Las colonias mostraban odio hacia España.
11. pecho (parte del cuerpo)   El corazón está dentro del pecho.
12. sorprender (dar sorpresa)   Me sorprendió lo que dijiste, no puedo creerlo.
13. trono (sillón simbólico en que se sienta el rey)   El trono es símbolo de la autoridad del rey.

1 to spring forth
2 army
3 to undertake
4 to engender, to give rise to
5 outbreak
6 Spaniard
7 to flee
8 loyal
9 mestizo
10 hatred
11 chest, breast
12 to surprise
13 throne

related words

cabida (de caber) — *room, space*
chileno (de Chile) — *Chilean*
descontento (de contento) — *discontent, dissatisfaction*
entrevistar (de entrevista) — *to interview*
intervenir (de venir) — *to intervene*
lealtad (de leal) — *loyalty*
pensador (de pensar) — *thinker*

expressions

al mismo tiempo — *at the same time*
dar ánimo — *to give impetus to, to "fire up"*
de pronto — *suddenly*
en vano — *in vain*
hacer falta — *to lack*
llevar a cabo — *to carry out, to complete*
sobre todo — *above all*

En 1810 comenzaron en América los movimientos hostiles a España que terminaron en la independencia de las colonias.

En todo el continente brotaron al mismo tiempo grupos revolucionarios, independientes unos de otros, pero con características semejantes: odio a España y ansias de romper toda relación con ella.

Vamos a examinar ahora las razones que provocaron estos movimientos y quiénes intervinieron en ellos.

La lealtad al lejano e invisible rey podía encontrar cabida sólo en pechos peninsulares. ¿Qué podía importar ese desconocido rey a los indios, los mestizos, los negros? Pero para el criollo, ese problema fue más lejos. En él se engendró no la indiferencia de las otras clases, sino un resentimiento profundo que terminó convirtiéndose en odio a todo lo que significaba España. El criollo no ocupaba los altos puestos, pero era la clase que competía económicamente con los peninsulares. Los criollos extendieron el comercio, estudiaron en las universidades, viajaron a Europa. Comprendieron claramente el problema colonial, y se rebelaron ante las injusticias.

Cuando llegó el momento de la rebelión, negros, indios, mestizos, y criollos—todos—pudieron unirse en su descontento para levantar la voz contra los abusos del sistema colonial.

Además, eran tiempos de revolución. El éxito de las revoluciones francesa y norteamericana daba ánimo a los hispanoamericanos para emprender la suya. Se leían los pensadores franceses como Voltaire y Rousseau.

Todo estaba preparado ya: había clima de insatisfacción e ideario revolucionario. Sólo hacía falta el estallido. Este se produjo cuando Napoleón invadió a España y dio la corona de ese país a su hermano. Los criollos encontraron de pronto un magnífico pretexto para levantarse en armas: luchar en nombre del rey, contra el invasor. (Los virreyes ahora eran representantes del gobierno francés; luchando contra los virreyes, los criollos luchaban contra el invasor francés.

Independencia

42

O así dijeron los criollos.) Tiempo después el rey recuperó su trono... pero no sus colonias.

La historia de la independencia de Hispanoamérica es larga, y en cada país tiene características propias. Aquí podemos dar sólamente una idea de los hombres y sucesos principales.

En México un sacerdote, el padre Miguel Hidalgo, inició la revolución mexicana el 16 de septiembre de 1810 con el grito de "¡Viva Nuestra Señora de Guadalupe! ¡Muera el Mal Gobierno! ¡Mueran los Gachupines!" Después de largas luchas, la independencia se consiguió en 1821.

La independencia de la América del Sur fue llevada a cabo, sobre todo, por dos grandes generales: San Martín y Bolívar. Simón Bolívar libertó el norte del continente. Dos veces comenzó su campaña libertadora sin éxito. Tuvo que huir de Venezuela, reunir hombres y armas para poder, por fin, liberar a su país y a Colombia.

En el sur del continente la revolución empezó en la Argentina. En Buenos Aires, se destituyó al Virrey español y se constituyó una junta de gobierno formada por criollos. Pero quedaban centros españoles leales al rey en Chile, Bolivia, y Perú. El argentino José de San

El 9 de julio de 1816, en la pequeña ciudad de San Miguel del Tucumán, los delegados de las Provincias Unidas del Río de la Plata [Argentina] declaran la Independencia. (Argentina)

Martín concibió la idea de preparar un gran ejército, cruzar los Andes, y liberar a esos países. Así lo hizo, sorprendiendo a los españoles en Chile. Con la ayuda del héroe chileno Bernardo O'Higgins, ganó las batallas de Maipú y Chacabuco. Luego llegó a Perú y dio la libertad a Lima.

San Martín y Bolívar, uno en el sur, el otro en el norte, estaban independizando a todo el continente. Los dos generales se entrevistaron en Guayaquil para hablar de la posibilidad de unir sus ejércitos. También hablaron del futuro político del continente. Nadie sabe lo que dijeron, pero como consecuencia de sus conversaciones, San Martín se retiró y dejó a Bolívar terminar la campaña. Con la ayuda del General Sucre, Bolívar terminó el trabajo de independizar a los países del norte en 1824.

La tarea de estos hombres no fue en vano. Realizaron su sueño de una América libre, y la posterioridad ha reconocido a todos ellos como héroes. En todos los países se elevan monumentos a su memoria. Pero el más impresionante monumento para su honra es la independencia de toda Hispanoamérica.

Cinco grandes héroes de la Independencia. Padre Morelos (México); Simón Bolívar (Venezuela); José de San Martín (Argentina); Bernardo O'Higgins (Chile); y Padre Hidalgo (México).

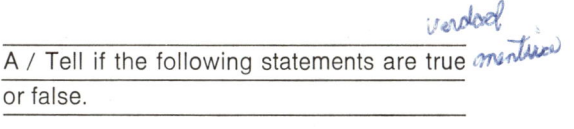

A / Tell if the following statements are true or false.

verdad / mentira

1. Los indios y criollos podían llegar a los altos puestos del gobierno. M
2. Los gachupines tenían lealtad hacia el rey. V
3. Los criollos tenían indiferencia hacia la política colonial de España. M
4. Los criollos competían con los peninsulares.
5. La invasión de España por Napoleón era uno de los pretextos para revolución. V
6. El padre Miguel Hidalgo inició la Revolución en México. V
7. La Independencia en México se consiguió después de tres años de guerra. M
8. El libertador del norte de Sudamérica fue Simón Bolívar. V
9. Bolívar y San Martín lucharon juntos. M
10. Los hispanoamericanos consideran a Bolívar y San Martín como héroes. V

B / The following sentences are in the past tense. Rewrite them in the future tense.

1. El padre inició la revolución.
2. El héroe dijo, "Muerte a los gachupines."
3. Se produjo el estallido de la guerra en 1810.
4. Los criollos encontraron un pretexto magnífico.
5. Napoleón le dio la corona española a su hermano.
6. El rey no recuperó sus colonias.
7. Bolívar liberó el norte de la América del Sur.
8. San Martín hizo batalla en Chile.
9. San Martín y Bolívar se entrevistaron en Guayaquil.
10. La tarea de estos héroes no fue vana.

8 LAS CLASES SOCIALES

La clase más baja generalmente tiene muchos hijos y vive en condiciones subhumanas. (Bolivia)

cognates

antagonismo, antagonista, asumir, categoría, conservador, dominar, educación, educar, estratificación, estrictamente, estricto, evolucionar, francamente, ilícito, inflación, miserable, nacional, oligarquía, originar, paternalista, política, posición, preocupación, prestigio, progreso, rancho, rígido, salario, stándard, suficiente, unión

deceptive cognate

colegio—*high school, private school*

new words

1. actitud (disposición, postura)   ¿Cuál es su actitud hacia eso?
2. alimentado (que ha comido)   La clase rica está bien alimentada.
3. atender (cuidar, estar en)   El médico atiende su consultorio todos los días menos el miércoles y el domingo.
4. consultorio (lugar donde trabaja un médico)   Tengo que ir al consultorio del médico hoy; me duele todo el cuerpo.
5. estancia (rancho destinado al cultivo y a la ganadería)   Ese hombre es dueño de una estancia muy grande.
6. fuente (origen; lugar de donde se obtiene agua)   La mujer va a la fuente para conseguir agua. Los libros son la fuente del conocimiento.
7. nivel   La ciudad está al nivel del mar. Ese país no ha llegado al nivel del progreso del otro país.
8. pelear (luchar)   Los dos hermanos siempre se pelean.
9. poseer (tener posesión de)   Ellos poseen una estancia en la Argentina.
10. pujante (robusto, fuerte)   La clase media es la más pujante de las clases.
11. someter (sujetar, humillar)   Esos hombres se sometieron a la voluntad del grupo.

1 attitude	4 doctor's office	7 level	10 forceful, strong, powerful
2 fed	5 ranch	8 to fight	11 to subject, to subdue; to give in (refl.)
3 to attend, to take care of	6 fountain	9 to possess	

related words

alfabetización (de alfabeto) — *literacy*
analfabetismo (de alfabeto) — *illiteracy*
cuarto (de cuatro) — *fourth*
mejorar (de mejor) — *to improve*

expressions

dar clase — *to teach a class*
dar de comer — *to feed*
por lo general — *in general*
por lo tanto — *therefore, for that reason*
o . . . o — *either . . . or*

Las Clases Sociales

La historia de la población hispanoamericana es la historia de los hombres que vinieron a América—los españoles; de la gente que encontraron—los indios; de los que trajeron como esclavos—los negros; y la mezcla de razas que se produjo entre ellos.

En los primeros momentos, se formó en este continente una rígida estratificación social. La clase social más alta era la formada por los españoles nacidos en España, los "peninsulares" o "gachupines." Ellos tenían los cargos más importantes y recibían los mejores salarios del Estado y de la Iglesia. Seguían los criollos, que eran los hijos de españoles nacidos en América. Por el solo hecho de no haber nacido en España, no tenían la misma categoría que los peninsulares. Estas dos clases fueron antagonistas desde los primeros momentos, y, con el correr del tiempo, ese antagonismo originó el movimiento revolucionario que dio libertad a las colonias.

La tercera clase fue la del mestizo, que surgió de la mezcla de español e india. Fue el resultado de uniones ilícitas, y, por lo tanto, no aceptado ni por el blanco ni por el indio. (En esta categoría de mestizo hay que poner las distintas mezclas de blanco e indio con el negro.) La cuarta clase era la de los indios, y la clase social más baja de todas fue la del negro.

Esta organización social, estricta en sus primeros momentos, evolucionó. Hubo familias criollas que alcanzaron riquezas y honor; otras que permitieron a sus hijos casarse con gente india que había alcanzado buena posición económica y social.

La clase que más deseaba tener la posesión de la tierra eran los peninsulares, pues tener tierra significaba poder y prestigio. Los mestizos y los indios o no tuvieron fuerzas para pelear por la tierra, o no les importó esa lucha. Lo cierto es que se sometieron.

Se produjeron en el siglo pasado grandes cambios a causa de la independencia de las colonias, pero quedó la idea de que los que poseen la tierra forman la aristocracia. Hoy día, los grandes "ranchos" o "estancias" están en poder de la oligarquía de los distintos países—una oligarquía francamente blanca. Esta clase es estrictamente conservadora. Como tiene mucho dinero, se educa en los mejores colegios y universidades, viaja a Europa o a los Estados Unidos, y asume una actitud paternalista hacia las clases más bajas. Esta clase, por lo general, no se preocupa del progreso social de su país.

Todos los países de Latinoamérica tienen una clase baja muy grande. Esta gente es pobre, muy pobre. Trabajan como criados, labradores, campesinos, etcétera. El analfabetismo es común en esta clase, que muchas veces está mal alimentada, y que vive en casas miserables. Esta clase no tiene sentido nacional: su única preocupación es seguir viviendo. No puede preocuparse de educación, política, etc. cuando tiene que dar de comer a los demasiados hijos que tiene.

En algunos de los países de Latinoamérica ha surgido una poderosa clase media. Se considera heredera, no de los que poseyeron la tierra, sino de los que ganaron la independencia. Es una clase abierta, pujante. Se encuentra en una posición difícil: quiere mantener el "stándard" de su posición: casa, ropa, comida, etcétera. Pero al mismo tiempo,

Esta familia venezolana acaba de "llegar" a la clase media. Tienen una esperanza que los guía, y alcanzan a conocer el confort. Trabajan mucho para que sus hijos mejoren aun más su propia condición. (Venezuela)

quiere hacer todo lo posible para que la clase baja tenga mejor vida. Pero esta clase no tiene suficiente dinero para todo. Sufre la inflación porque ni tiene el dinero de la aristocracia, ni puede vivir en el nivel de las clases bajas. Por eso, es común ver a un médico que además de atender su consultorio, da clases en la universidad, o a una maestra que enseña en dos o tres colegios para ganar más dinero.

Las campañas de alfabetización y las nuevas fuentes de trabajo que surgen en todos los países permiten esperar una mejora social en toda Hispanoamérica. Si la clase media puede crecer más y dominar la política de los países, esto podrá realizarse.

La gente de posición acomodada lleva una vida cómoda, con sus "pequeños lujos." (Chile)

A / Select the one answer which best completes each statement.

1 / La clase que más deseaba tener tierra eran
a los indios.
b los criollos.
c los peninsulares.

2 / Los que ahora tienen los grandes ranchos forman
a una oligarquía.
b una dictadura.
c una aristocracia.

3 / La oligarquía es blanca y
a liberal.
b conservadora.
c comunista.

4 / La clase más grande en Latinoamérica es
a la clase baja.
b la clase media.
c la clase alta.

5 / La clase que casi no tiene sentido nacional es
a la clase alta.
b la clase media.
c la clase baja.

6 / La esperanza para el futuro reside en
a la clase baja.
b la clase media.
c la clase alta.

B / Answer the following questions orally.

1 En la época colonial, ¿qué clase era la más alta?
2 ¿Qué privilegios tenían los peninsulares que no tenían los criollos?
3 ¿Qué es un mestizo?
4 ¿Por qué no fue aceptado el mestizo socialmente?
5 ¿Cuál era la clase más baja, los indios o los negros?
6 ¿Por qué no pelearon los indios por la tierra?
7 ¿Dónde se educan los hijos de la clase alta?
8 ¿Entre qué clase es común el analfabetismo?
9 ¿Cuál es la clase que más sufre la inflación?
10 ¿Cuál es el gran problema de la clase media latinoaméricana?

C / Discuss the following questions.

1 Se puede decir que la orientación de la clase alta es hacia el extranjero, la orientación de la clase media es hacia el país, y la de los pobres es el problema de vivir. ¿Es lo mismo aquí en los Estados Unidos? ¿Cómo?
2 ¿Qué distingue la clase media de la clase baja? ¿De la clase alta?
3 ¿Por qué creen algunos que la clase media es la "esperanza" del país?

LA FAMILIA

La antigua costumbre de lavar la ropa en los ríos no se ha perdido, según vemos en esta foto de México. Mientras lava, la madre baña a su hija, que está muy feliz con la improvisada ducha. (México)

cognates

actuar, admitir, antecesor, aristocrático, atributo, avanzado, bar, cabaret, club, cohesión, condición, conducta, continuo, decente, descendencia, diferenciar, diversión, doméstico, efectivamente, ejercer, entretener, excepto, existencia, figura, fundamental, ideal, justamente, literatura, mamá, masculino, matriarcado, multiplicar, obedecer, ostentación, proteger, reducir, reproche, situación, sólido, sustituir, televisión

deceptive cognates

actual — *at the present time*
asistir — *to attend, to go to*

departamento — *apartment*
honesto — *honorable*

new words

1 agregar (unir algo a otra cosa)   Voy a agregar azúcar al café.
2 cariño (inclinación de amor)   Aunque no la amo, le tengo mucho cariño.
3 gallo (ave doméstica)   Cada mañana el gallo nos despierta.
4 hogar (casa en que se hace vida de familia)   El hogar de mis padres es el mejor recuerdo de mi infancia.
5 marido (esposo)   El marido de María es médico. Ella siempre pelea con su marido.
6 nieto (hijo de un hijo)   La abuela tiene dos nietos. Los nietos siempre quieren a sus abuelos.
7 refrán (dicho)   Hay un refrán en inglés que dice, "The early bird gets the worm."
8 regir (dirigir, gobernar, mandar)   En mi casa mi mamá es la que rige.
9 riña (lucha)   Ella y su marido tuvieron una riña anoche.
10 vínculo (unión, efecto de unir)   Hay un vínculo muy fuerte entre la abuela y sus tres nietos.

1 to add	3 rooster	5 husband	7 saying, proverb	9 fight
2 affection	4 home	6 grandchild	8 to rule	10 tie, link

related words

biznieto (de nieto) — *great grandchild*
descuidar (de cuidar) — *to neglect*
escasez (de escaso) — *scarcity*
familiar (de familia) — *pertaining to the family*

gasto (de gastar) — *expense, cost*
indiscutido (de discutir) — *undisputed*
repartir (de partir) — *to share*
sostener (de tener) — *to sustain*

expressions

(a) comienzos de — *(at) the beginning of*
a regañadientes — *grudgingly*

hay que — *one must, it is necessary to*
ni . . . ni — *neither . . . nor*

La Familia

En Latinoamérica la familia es la base de toda organización social. El vínculo que une a padres, hijos, nietos, y aun biznietos es solidísimo.

Entre el padre y la madre se reparte el poder absoluto en el hogar. El padre es el jefe indiscutido del grupo. Sale a trabajar para sostener los gastos de la familia. La madre educa a sus niños a obedecer y tener fe en el padre.

Hasta comienzos de este siglo, la sociedad hispanoamericana se seguía rigiendo por los ideales heredados de sus mayores. Un viejo refrán decía, "La mujer honesta, la pierna rota, y en casa." Es decir que la mujer no debía salir de su casa. Y efectivamente no salía, ni para trabajar ni para divertirse, excepto cuando su esposo la acompañaba. Pero éste sí podía salir, pues su condición de hombre se lo permitía. Si pertenecía a la clase alta, pasaba sus horas libres en los clubes aristocráticos o con sus amigos en los teatros o cabarets. Si pertenecía a clases más bajas, se entretenía en los cafés o los bares, en las riñas de gallos o en otras diversiones para hombres.

La mujer permitía esta conducta del marido, porque creía que no faltaba el respeto a su hogar asistiendo a lugares de hombres solos (o adonde la mujer "decente" no podía asistir). Se llama "machismo" (de *macho:* 'masculino') a esta condición del hombre latinoamericano de poder continuar su vida de hombre fuera del hogar sin reproches de la sociedad, y de ser *completamente* masculino.

Pero no obstante esta característica, o justamente a causa de ella, la figura central en la organización del hogar es la mujer. Ella, sin ostentación y sin quitar ninguno de los atributos de su marido, ejerce la fuerte cohesión en el grupo. Ella tiene un poderoso sentido de protección de su descendencia que se extiende a sus hijos y a sus nietos. La familia latinoamericana es casi un matriarcado.

Hasta hace muy poco tiempo, como las casas eran muy grandes, cuando los hijos se casaban, iban a vivir con sus padres. El padre, por respeto y por cariño, seguía siendo el jefe de la familia.

Y al grupo familiar también hay que agregar las criadas—casi todos los hogares de las clases media y alta tenían criadas para ayudar a la mamá. Tantos años se quedaban con la misma familia que en muchos casos terminaban por formar parte de ella.

Ahora las dificultades económicas, la continua mezcla de costumbres, la escasez de casas, y las ideas avanzadas que llegan a través de la literatura, del cine, y de la televisión, han producido cambios. La madre en muchos casos ha tenido que salir de la casa para trabajar. Hoy la mujer también practica deportes, va a las universidades, y actúa en política. Los lugares de diversión para hombres solos se han reducido, y los departamentos pequeños han sustituido a las grandes casonas. La juventud se permite libertades admitidas a regañadientes por los abuelos. Sin embargo, la familia sigue igual.

La mujer latinoamericana actual se diferencia de su antecesora sólo en que ha tenido que multiplicarse. Por el hecho de salir a estudiar o a trabajar, de acompañar a su marido en las diversiones o en la política, no ha descuidado su papel fundamental de ser centro de la familia.

Se ven cambios también en los hombres casados. Las

La riña de gallos es una diversión en que se entretienen los hombres. En la mayoría de los países ha sido suprimida por la crueldad que revela. (México)

esposas los acompañan ahora a los lugares adonde las mujeres antes no iban. El hombre se ha hecho más compañero de su esposa. Además, como hay menos criadas, ayuda algo a su mujer en las tareas domésticas. Pero no demasiado, porque ella tampoco lo permite.

Aunque la situación económica haya obligado a numerosos cambios, el grupo familiar sigue tan unido y fuerte como siempre. Padre y madre continúan protegiendo a sus hijos y descendencia, mientras dure su existencia.

Los niños, aun de pocos años, ayudan a su madre en las tareas del hogar. Esta pequeña carga a su hermanita en los brazos. (Guatemala)

A / Answer the following questions.

1. ¿Quién es el jefe indiscutido de la familia?
2. ¿Quién es la figura central de la familia?
3. ¿Qué es un matriarcado?
4. ¿Qué es "machismo"?
5. ¿Las criadas forman parte de la familia?
6. En años pasados, ¿adónde podía ir la mujer?
7. Ahora, ¿adónde puede ir la mujer?
8. ¿Han cambiado los hombres?
9. ¿Cuáles son algunas cosas que han producido cambios?
10. ¿Por qué no viven ahora los hijos casados con sus padres?

B / Match the items on the left with those on the right to form logical sentences.

1. La mujer latina
2. Hoy día hay menos
3. Es verdad que la familia latinoamericana casi es
4. Muchas mujeres han tenido que
5. En años pasados, los hijos seguían
6. Los hombres pueden
7. Machismo es
8. Hoy día la mayoría de la gente

a. salir de la casa para trabajar.
b. criadas en Latinoamérica.
c. ir a lugares adonde las mujeres no pueden ir.
d. la condición del hombre latinoamericano de ser "completamente masculino."
e. ahora participa en muchas actividades.
f. no vive en casas grandes.
g. un matriarcado.
h. viviendo con sus padres después de casarse.

C / Discuss the following questions.

1. ¿Cómo difiere la familia de usted de una familia latinoamericana?
2. Su familia, ¿es un matriarcado o un patriarcado?
3. ¿Muestra su padre algo de "machismo"? ¿Cómo?
4. ¿En qué actividades participa su madre?

10 NOVIAZGO Y MATRIMONIO

La novia va a la iglesia para el casamiento. Está vestida de blanco y su mamá de negro. El padre lleva la ropa típica del campesino mexicano. El novio está esperando en la iglesia. (México)

cognates

árabe, balcón, ceremonia, civil, conversar, cortejar, crimen, culminante, dueña, efectuar, femenino, formalizar, generalmente, iniciación, interminable, pasional, presencia, primario, romance, secundario, serenata, sexo, simple, transferencia, universitario, vigilancia.

deceptive cognates

brillante — *diamond*
compromiso — *engagement, appointment*
fábrica — *factory*
pretender — *to try to acquire something*

new words

1. acera (parte de la calle donde anda la gente) El niño juega en la acera, pero no en la calle.
2. agradecer (sentir gratitud) Yo te agradezco mucho lo que has hecho.
3. ambos (los dos) Ayer vi a María y a Juan; ambos estaban en la biblioteca.
4. anillo Esa mujer tiene un anillo de casamiento. El anillo es de oro.
5. caminar (andar) Lo vi caminar por esa acera.
6. celo (sospecha en el amor) Alberto quiere mucho a Olga, pero tiene muchos celos de ella.
7. galán (novio, hombre que pretende a una mujer) Su galán le daba una serenata todas las noches.
8. novio (el que va a casarse) Agustín es el novio de Elena; se van a casar en febrero.
9. sala (cuarto principal de la casa) El sofá está en la sala.
10. rondar Por la noche, el galán rondaba la casa de su novia, esperando verla en la ventana o en el balcón.
11. soler (tener costumbre de) Yo suelo levantarme a las ocho.
12. velo (prenda que cubre la cara) La novia llevaba un hermoso velo blanco.

1 sidewalk
2 to be grateful
3 both
4 ring
5 to walk
6 jealousy
7 suitor
8 fiancé, sweetheart
9 living room
10 to pass by a girl's house, hoping to catch a glimpse of her
11 to be accustomed to
12 veil

related words

alejado (de lejos) — *removed from*
amoroso (de amor) — *amorous*
casamiento (de casar) — *marriage, wedding*
enamorarse (de amor) — *to fall in love*
entrevista (de entrevistar) — *interview*
escaso (de escasez) — *scarce*
lindeza (de lindo) — *a pretty thing*
mirada (de mirar) — *look, glance*
monja (de monje) — *nun*
noviazgo (de novio) — *engagement*
regalar (de regalo) — *to give a gift to*
vista (de ver) — *view*

expressions

de manera que — *so, so that*
luna de miel — *honeymoon*

Noviazgo y Matrimonio

España tomó de los musulmanes el fuerte celo del hombre por la mujer. Los árabes mantenían a aquélla alejada de la mirada masculina. Aun cuando salían a la calle, iban con la cara cubierta con un velo. A esto hay que agregar la influencia de la Iglesia Católica que consideraba pecado a todo lo que se refería a la relación amorosa.

Hasta fines del siglo pasado, las niñas estaban en sus casas ocupadas en las tareas domésticas. Sólo salían acompañadas por dueñas, de manera que los muchachos podían hablarles sólamente si éstas se lo permitían. Las jóvenes se sentaban por las tardes en los balcones y sus galanes pasaban delante de ellas. Muchas veces, la mirada era el único vínculo que unía a dos enamorados hasta que el mozo pedía permiso al padre para visitar a la niña en su casa. La entrevista de los novios se efectuaba en la sala ante la presencia de una persona de la familia que leía interminables libros.

En las clases más bajas, se les permitía a los jóvenes conversar en la puerta de la calle; es decir, a la vista y vigilancia de las personas que pasaban por la acera. Durante mucho tiempo se conservó también la costumbre de dar una serenata en la ventana de la niña cortejada.

Hasta comienzos de este siglo, las niñas se educaban con monjas españolas que tenían conventos por toda Hispanoamérica. Las escuelas del estado eran escasas.

Hoy día, en cambio, las escuelas públicas se han multiplicado, en los tres niveles: primario, secundario, y universitario. Las chicas van a sus clases solas, y se encuentran con sus novios en el camino. En las clases más bajas también la mujer tiene bastante libertad, ya que debe salir sola para trabajar en las fábricas o las tiendas.

Hoy es común ver a los jóvenes de ambos sexos caminar por las calles; el muchacho acompaña a la chica hasta su casa. Se ha producido una transferencia de la vigilancia que antes ejercía la familia. Hoy el novio ejerce esa vigilancia. En base al machismo del hombre latino, una vez formada la pareja, éste no permite que otro ronde a su novia. (La inmensa mayoría de crímenes en Hispanoamérica son de tipo pasional, basado en el fuerte sentido de posesión que siente el hombre sobre la mujer.)

Otra costumbre heredada de España es el "piropo." Cuando un hombre ve a una mujer en la calle, aunque no la conozca, le dice una lindeza como, "Adiós, preciosa." Ella, naturalmente, no contesta, pero queda muy agradecida. Un simple piropo suele ser en muchos casos la iniciación de un romance.

Aunque la mujer hispanoamericana trabaja a la par del hombre y en muchos casos compite con él, admira en él su "machismo" que la hace sentirse muy femenina. El hombre *debe* ser el más fuerte, el que protege a la mujer. Por eso, el ritual del noviazgo sigue.

Varios meses antes del casamiento, se produce el compromiso. Es una pequeña ceremonia en que los novios se ponen los anillos de compromiso, y el futuro esposo regala otro más con brillantes, según su situación económica.

En muchos de los países latinoamericanos el gobierno no reconoce un casamiento celebrado en la Iglesia, y la Iglesia no reconoce uno formalizado por el Estado.

Después de la ceremonia del casamiento, hay una fiesta en honor de los recién casados. (Colombia)

Como la mayoría de los hispanoamericanos son católicos, efectúan los dos casamientos, el civil y el religioso, generalmente en días diferentes. Pero el momento culminante es la ceremonia religiosa. Una chica puede ser rica o pobre, pero todas llevan su vestido blanco de novia cuando se casan.

Después de la ceremonia religiosa, siempre hay una fiesta. La gente se pone sus mejores vestidos, se brinda por la nueva pareja, se baila hasta muy tarde, y los novios se escapan para iniciar su "luna de miel."

Estos venezolanos se divierten mucho en una "discoteca" moderna de la capital. ¿Tiene el hombre dos novias, o es la rubia solamente una "vieja amiga" de él? (Venezuela)

Charlando en el parque una tarde, estos jóvenes mexicanos pensaban sólo en su amor y no vieron a nuestro fotógrafo. (México)

A / Indicate whether the following statements are true or false.

1. Hay influencia árabe en las relaciones entre los sexos. *Mentira*
2. Todas las mujeres salen a la calle con la cara cubierta con un velo. *Mentira*
3. Todas las chicas latinoamericanas se educan con monjas. *Mentira*
4. Las chicas pueden salir de casa solas ahora. *Verdad*
5. Hoy es el hermano quien ejerce la vigilancia sobre la chica. *Mentira*
6. Los hombres latinoamericanos tienen muchos celos. *Verdad*
7. El hombre latinoamericano siente que la mujer es una posesión. *Verdad*
8. Los hombres norteamericanos usan el piropo mucho. *Mentira*
9. La mayoría de los latinoamericanos celebran dos casamientos. *Verdad*
10. La costumbre de una "luna de miel" es desconocida en Latinoamérica. *Mentira*

B / Write complete sentences using the words in the order in which they are given. Add words as you wish, and make necessary changes in form.

1. hombre / acera / mujer
2. yo / agradecer / libro / que / dar
3. celebrar / compromiso / dar / anillo
4. chica / caminar / novio / parque
5. Juan / tener / celos / novia
6. pobre / no / tener / galán
7. entrar / sala / sentarse
8. ella / soler / acostarse / nueve
9. Carlos / enamorarse de / chica / escuela
10. regalar / camisa / padre

C / Discuss the following questions.

1. ¿Por qué no reconocen los gobiernos latinoamericanos los casamientos celebrados en la Iglesia? ¿Por qué los reconocemos nosotros?
2. ¿Qué diferencias ve Vd. en las relaciones amorosas de los latinoamericanos y los norteamericanos?
3. ¿Qué opinión tendrían los hombres latinoamericanos de "Women's Liberation"? ¿Las mujeres?

11 LA MUERTE

**LA SEÑORA
ANTONIA VALADEZ VDA. DE RIOS**
falleció ayer a las 4.00 horas en el seno de Nuestra Madre la Santa Iglesia Católica Apostólica Romana, confortada con todos los auxilios espirituales y la bendición papal.
Su hijo, hija política, nietos, hermanos y demás familiares, lo participan a usted con profundo dolor, suplicándole ruegue a Dios Nuestro Señor por el eterno descanso de su alma.
México, D. F., 27 de Julio de 1970
El duelo se recibe en la esquina de Félix Cuevas y Gabriel Mancera (Edificio Gayosso) de donde partirá el cortejo hoy a las 11.00 horas al panteón Jardín.
AGENCIA EUSEBIO GAYOSSO
Esquina Félix Cuevas y Gabriel Mancera

El cortejo lleva un ataúd blanco. La familia era bastante pobre, y rentaron el ataúd. (México)

cognates

aislación, ángel, asociar, cadáver, catafalco, cementerio, confundir, cortejo, crucifijo, danza, definitivo, depósito, drama, enterrar, espacio, esqueleto, fúnebre, funeral, galería, halo, horror, institución, íntimo, lamento, miembro, municipalidad, mural, nicho, panteón, presente, reclamar, reposar, responso, sagrado, subterráneo, terror, urbano, urna, vacante

deceptive cognates

habitación — *room*   particular — *private*

new words

1. arraigado (muy firme)   Su conocimiento está arraigado en años de estudio.
2. arreglar (poner en orden)   La criada arregló los muebles.
3. ataúd   (en lo que se pone un muerto)
4. capilla (iglesia pequeña)
5. ceniza (polvo que queda después de la combustión)   ¿Dónde puedo poner las cenizas de mi cigarillo?
6. concurrido (que tiene mucha gente)   La fiesta está muy concurrida.
7. duelo (dolor, aflicción)   La viuda llora su duelo.
8. fallecer (morir)   Don Jerónimo acaba de fallecer.
9. llanto (llorar mucho)   Siempre oiré el llanto de la pobre mujer.
10. misa (celebración religiosa en la Iglesia Católica)   ¿Tú vas a misa este domingo?
11. morada (donde vive una persona)   Él no vive aquí; ha cambiado de morada.
12. mortaja (artículo con que se cubre un cadáver)
13. paz (contrario de guerra)   Todos queremos vivir en paz.
14. recurrir (buscar recurso)   Él recurre a sus amigos para obtener el dinero.
15. refresco (bebida fría, comida)   Vamos a servir refrescos—Coca-Cola y sandwiches.
16. trastorno (inquietud, dificultad [emoción])   La pobre tiene muchos trastornos con sus niños enfermos y con la muerte de su esposo.
17. vacío (contrario de lleno)   No hay nada en este vaso, está vacío.
18. vela, velón (candil)   Hay muchos velones en la iglesia.

1 rooted in   4 chapel   7 grief   10 Mass   12 shroud   15 refreshment   18 candle
2 to arrange   5 ash   8 to die   11 dwelling place,   13 peace   16 upheaval
3 coffin   6 crowded   9 flood of tears   resting place   14 to seek recourse   17 empty

related words

anuncio (de anunciar) — *announcement*
atardecer (de tarde) — *late afternoon*
bendecir (de bien y de decir) — *to bless*
cabecera (de cabeza) — *head (of a bed)*
conocido (de conocer) — *acquaintance*
convenir (de venir) — *to agree on*
creencia (de creer) — *belief*
diariamente (de día) — *daily*
entierro (de enterrar) — *burial*

escritor (de escribir) — *writer*
espera (de esperar) — *wait*
fallecimiento (de fallecer) — *death*
pésame (de pesar) — *condolences*
presentir (de sentir) — *to foresee*
velar (de vela) — *to hold a wake for*
velorio (de vela) — *wake*
vendedor (de vender) — *seller*

La Muerte

Para la gente de tradición hispánica, la Muerte no tiene ese halo de terror que tiene para otras culturas. El escritor español Alejandro Casona en su drama "La dama del alba" pinta a la muerte como una hermosa mujer que da la paz a los que mueren. Para Séneca era la Libertad, y los místicos la cantaron como a una novia. Pero, aunque no sientan terror, todos saben que van a morir: "Vivir es morir un poco."

Cuando un latinoamericano muere, lo velan por la noche en su propia casa, y lo entierran al día siguiente. No lo mandan a la aislación de un "funeral home" porque la familia no siente horror ante el cuerpo muerto. Ellos mismos lo preparan para el entierro. Lo visten con sus mejores ropas, o lo cubren con una mortaja y lo ponen en el ataúd.

El muerto es velado en una habitación de la casa de la que se han quitado todos los muebles. Se pone el catafalco en medio del cuarto entre velones. En la cabecera se coloca un gran crucifijo, y se arreglan las flores que van llegando alrededor.

El anuncio del fallecimiento aparece en el periódico. En algunos países, usan el anuncio mural, es decir, ponen anuncios del funeral en las paredes de la ciudad.

La noche del velorio los familiares quedan junto al ser querido que han perdido. Los amigos más íntimos los acompañan en esta larga noche. Durante la primera semana del duelo, los amigos y conocidos pasan a saludar y dar el "pésame" a la familia.

Entre la gente del campo está arraigada la creencia de que cuando un niño muere es porque Dios reclama un angelito. Al atardecer hay música y se baila una danza ritual. Después se sirven refrescos a la gente que ha asistido. Un extranjero que no conozca esa tradición podría confundir el "velorio del angelito" con una fiesta.

A la hora convenida para el entierro, los hombres conducen al ataúd hasta el coche fúnebre. El cortejo se pone en movimiento acompañando al muerto a su última morada. Si la familia es rica, va a una iglesia a celebrar una misa de cuerpo presente. Si la familia no la puede pagar, van a la capilla católica del cementerio donde un sacerdote dice el responso y bendice al muerto. Luego, rico o pobre, lo entierran.

"Enterrar" es la palabra que se usa, aunque en muchos casos sólo los pobres van a la tierra. En los cementerios de las grandes ciudades, que no tienen lugar para recibir a todos los que mueren diariamente, se han construido grandes galerías en donde los ataúdes se colocan en nichos. En algunas ciudades estas galerías son subterráneas; en otras están sobre la tierra. Las familias ricas tienen sus bóvedas particulares para todos los miembros que fallecen. También hay grandes panteones para personas asociadas a distintas instituciones.

En algunos centros urbanos hay tantos muertos que tienen depósitos para los ataúdes en espera de una vacante. Esto trae trastornos a las familias, que en muchos casos recurren a las influencias políticas para conseguir nicho. Estas "vacantes" se producen por dos razones. Una, porque en los cementerios se están construyendo siempre nuevas galerías. Otra, porque ciertas municipalidades dan un cierto número de años para que el cuerpo repose

Un cementerio puede ofrecerle a uno un verdadero paseo histórico en una gran capital, pero también un lugar de picnic junto a los que ayer vivían. (México)

en el lugar sagrado. Luego, las familias deben reducir a los cadáveres. Las cenizas se colocan en una pequeña urna, que ocupa muy poco espacio. Ese nicho que queda vacío es ocupado entonces por otro ataúd.

Una tradición muy arraigada es el Día de los Muertos, el 2 de noviembre. Desde la mañana los cementerios están concurridísimos. Es un interminable ir y venir de gente con flores para sus muertos queridos. En algunos países, los vendedores tienen la tradición de ofrecer pan y dulces en forma de esqueleto.

El Día de los Muertos es un día que se estableció para honrar a los muertos. No hay llantos ni lamentos. Aunque nadie desea morir, todos presienten que la muerte es la paz definitiva.

Para celebrar el Día de los Muertos, esta panadería vende "el mejor pan de muerto." (¡Qué contraste con el anuncio de un baile debajo de la ventana!) (México)

Un niñito ha muerto y estos indios colombianos—llevando la ropa típica de la zona—bailan la danza ritual. (Colombia)

68

A / Complete the sentences using the "new words" given below

fallecer   misa   vacío   paz   mueble   arreglar   refresco   ceniza   vela   escritor

1. Estaba muy enferma, y anoche _____.
2. Todos queremos tener _____ en el mundo.
3. Hace calor; me gustaría tomar un _____.
4. Ese _____ es un autor conocido.
5. El sacerdote celebra _____ todos los días.
6. Ella tiene que _____ su habitación.
7. Compré una _____ para poner en el altar.
8. No hay nadie aquí; el cuarto está _____.
9. Debes poner las _____ en el cenicero.
10. Las sillas y las mesas son _____.

B / Answer the following questions orally.

1. ¿Qué es un velorio?
2. Cuando un latinoamericano muere, ¿qué hacen con el cuerpo?
3. ¿Duerme la familia la noche antes del entierro?
4. ¿Qué es el "pésame"?
5. ¿Todos los muertos tienen una misa en la iglesia?
6. ¿Qué son las galerías en los cementerios?
7. ¿Por qué son necesarias las galerías?
8. ¿Por qué tienen algunos que esperar una vacante?
9. ¿Qué día es el dos de noviembre?
10. ¿En qué forma sirven el pan y los refrescos el 2 de noviembre?

C / Discuss the following questions.

1. Comente las diferencias entre un funeral latinoamericano y un funeral norteamericano.
2. Para Séneca (un filósofo español), la Muerte era la "Libertad." ¿Cómo es posible creer que la muerte es libertad? ¿Libertad de qué?
3. Algunos creen que el típico funeral norteamericano es vulgar y, quizá, pagano. Otros dicen que no, que da consuelo y paz a la familia. ¿Qué opinión tiene Vd. de esto?

12 COMIDA

Un plato de tamales. Adentro hay carne y chile, envuelto en masa de maíz. Están cubiertos de la chaila del choclo, y así se cocinan. (México)

cognates

abundar, aficionar, banana, colonización, consumir, costa, enormemente, época, especializar, favorito, fino, Francia, función, humilde, incluir, infusión, inverso, investigación, Italia, nutritivo, principal, sasonar, sucesor, sustancioso, té, variar, vegetal

new words

1 amargo (contrario de dulce)   El limón es muy amargo.
2 asar (manera de preparar la carne)   Vamos a comer un rosbif asado.
3 carne (alimento de animal)   El rosbif es carne.
4 caza (buscar y matar animales)   Vamos a salir de caza esta mañana. Ella está a caza de un esposo (*figurative*).
5 hervir   Mi esposa no sabe cocinar bien: ni aún puede hervir agua.
6 hoja   En el otoño las hojas caen de los árboles.
7 lago (extensión grande de agua)   El lago Erie está entre los Estados Unidos y Canadá.
8 lujo   Muchos creen que un Cadillac es un coche de lujo.
9 pesca (acción de obtener peces del agua)   Vamos de pesca esta mañana. Esperamos pescar muchos peces.
10 receta (instrucciones para cocinar)   Tengo una receta muy buena para preparar rosbif.
11 seco (que no tiene agua)   Después de lavar los platos, tengo que usar una toalla para que queden secos. Yo quiero un martini bien seco.
12 trozo (pedazo o parte de una cosa)   He cortado la carne en tres trozos.

1 bitter	3 meat	5 to boil	7 lake	9 fishing	11 dry
2 to roast	4 hunting, the hunt	6 leaf	8 luxury	10 recipe	12 piece

words related to cooking

aguacate — *avocado*
arroz — *rice*
bombilla — *a special metal straw used to drink* mate
caldo — *broth, soup*
cocido — *stew*
cocina — *cooking; kitchen*

cocinar— *to cook*
enchilada — *Mexican dish, a stuffed tortilla*
frijol — *bean*
harina — *flour*
huevo — *egg*
olla — *kettle*

picante — *hot with spices*
puchero — *stew*
queso — *cheese*
rellenar — *to stuff*
sal — *salt*
yuca — *yuca, a starchy root*

related words

alimentación (de alimentar) — *food, feeding*
alimento (de alimentar) — *food*
enriquecer (de rico) — *to enrich*

labrar (de labrador) — *to farm*
mezclar (de mezcla) — *to mix*
verdura (de verde) — *greens, vegetables*

expressions

de vez en cuando — *from time to time*
en la actualidad — *at the present time*

por ejemplo — *for example*

El descubrimiento de América extendió las fronteras del mundo conocido y abrió nuevas posibilidades a todas las investigaciones del hombre. Podemos incluir aquí una de las artes más antiguas de la humanidad: el arte de comer.

En el Nuevo Mundo los conquistadores encontraron muchos alimentos totalmente nuevos. La primera vez que los españoles probaron el "chocolate," no les gustó, porque era amargo. Pero cuando lo prepararon con azúcar, se aficionaron muchísimo a él. El chocolate fue llevado a España en 1520. De allí pasó a Italia, y luego a Francia. Los españoles vieron otros productos nativos que ahora se conocen en todo el mundo: maíz, banana, aguacate, papa, etcétera.

También se produjo el fenómeno inverso: de Europa trajeron los españoles nuevos productos que los indios aprendieron a usar en su cocina. Así se enriquecieron las recetas de cocina de la época, mezclándose lo nativo y lo español.

En toda Latinoamérica se puede encontrar platos de origen español que han quedado de la época de la colonización. Un ejemplo es el "cocido" o "puchero." En una olla se hierve agua con sal, y se echan trozos de carne y verduras diversas. Hoy día se agrega también papa y maíz, que son elementos indígenas. El caldo que queda es muy sustancioso y constituye un plato enormemente nutritivo.

En general cada país tiene sus platos típicos basados en los productos que abundan en su tierra. En las zonas tropicales hay animales y vegetales que no hay en las frías, y, por lo tanto, el tipo de alimentación varía. Los norteamericanos creemos que toda la comida "latina" es muy picante, con mucho chile. Es verdad que en México y Panamá se comen muchos platos con chile. Pero en general, el resto de los países sasonan sus comidas más o menos como nosotros.

Es evidente que la comida se basó en el trabajo que hacía la gente de la zona. Así, por ejemplo, en todo el inmenso sur, el indio vivía solamente de la caza y de la pesca. No labraba la

Comida

tierra. Su sucesor, el gaucho, tampoco lo hizo: su alimentación fue sólo la carne asada. En la actualidad, en la Argentina, Chile, y Uruguay, el alimento fundamental es la carne.

En cambio, los incas y aztecas tenían grandes plantaciones, sobre todo de maíz, de papa, de yuca, y de chile. Estos productos aparecen hoy en los platos típicos de México, y de los países de Centroamérica y del norte de Sudamérica. Con la harina de maíz preparan los mexicanos sus famosas tortillas, que hacen la función de pan. También las suelen rellenar con carne o con queso: son las "enchiladas."

Y en todos los países de América, la gente que vive cerca del agua consume los productos de los océanos, de los lagos, y del mar. El pescado es plato típico de la gente de la costa de todas las regiones de las Américas.

El arroz, los frijoles, y las papas forman la base de la comida latinoamericana: tienen la misma función que tienen las papas en la comida norteamericana. La gente de la clase media muchas veces también come carne, y los ricos siempre tienen carne en su comida. Pero la gente pobre muchas veces tiene solamente los alimentos básicos. De vez en cuando pueden comer un trozo de carne; para ellos

Esta mujer mexicana prepara tacos al aire libre. Los tacos son muy gustados en México, aunque los utensilios de cocina no sean muy modernos. (México)

comer un huevo es un lujo.

Mucha de la gente latinoamericana toma café, que es producto principal de Colombia y Brasil. En los países del sur, en cambio, la bebida favorita es el mate. Ésta es una infusión que se hace con las hojas secas de la yerba mate, que crece en gran cantidad en la zona del Paraguay. Se prepara como el té, pero se bebe con "bombilla."

En todas las grandes ciudades de América se puede encontrar restauranes elegantes que se especializan en la comida francesa, o la española, o la del país. También se puede comer en restauranes humildes que preparan la comida de la gente pobre.

Matambre. El matambre de la vaca, arrollado después de cubrirse con un relleno especial, constituye un riquísimo plato de carne. Se sirve cortado en rodajas. (Argentina)

Guacamole. Se puede preparar aquí en los Estados Unidos para servir de *chip-dip:* Se ponen dos aguacates—sin hueso ni piel—en un *blender* y se echa aceite suficiente para que todo se mezcle bien. Se pone un poquito de ajo (si se quiere) y se condimenta con sal y con chile. (México)

A / Select the word which best completes each sentence.

asar   amargo   carne   hervir   hoja   lago   lujo   pesca   receta   seco

1. Hoy ellos van a pescar en el _lago_.
2. Los botánicos estudian _hojas_.
3. No ha llovido y la tierra está muy _seca_.
4. ¡Ay, qué _amargo_ está este limón!
5. Ese vestido cuesta mucho; sería un _lujo_ comprártelo.
6. Esta _receta_ para carne asada es muy buena.
7. Vas de _pesca_ en el río hoy.
8. ¡Cuidado! El agua va a _hervir_.
9. De todos los alimentos, la _carne_ me gusta más.
10. ¿Cómo voy a preparar la carne? Pues, la voy a _asar_.

B / Write original sentences based on the text, using the words in the order in which they are given. Make necessary changes in form, and add whatever words are needed to make good sentences.

1. comida / latinoamericano / bueno
2. españoles / chocolate / azúcar
3. producto / nativo / maíz / papa
4. indios / aprender / producto / español
5. cocido / comida / colonial
6. zona / sur / carne
7. comida / latinoamericano / picante
8. incas / plantaciones / papa
9. tortilla / mexicano / pan
10. gente / sur / tomar / mate

C / Discuss the following questions.

1. Hay gente que le gusta comer, y hay otra gente que come porque es necesario. ¿Cuál es la actitud de Vd. hacia la comida?
2. ¿Cuáles son sus comidas más favoritas? ¿Las menos favoritas?

13 LAS CASAS

Casa colonial. Puerta de rejas, patio interior, arcadas y corredores, aleros y balcones, macetas con flores; todos recuerdos de la época colonial. (Colombia)

cognates

adaptación, ambiente, anticuado, apreciar, arquitectura, atacar, automático, cemento, criticar, dependencia, edición, eléctrico, impresionar, innovación, insecto, interior, justo, modificación, mosaico, notar, patio, precolombino, sección, servicio, temperatura, tendencia, uniforme, vanguardista

deceptive cognate

dormitorio — *bedroom*

new words

1. alfombra (lo que cubre el suelo de una habitación)   En mi casa tenemos alfombras de pared a pared.
2. barrer (limpiar el suelo o la alfombra)   Ella barre el suelo todos los días.
3. barrio (distrito de una ciudad)   Ese es un barrio pobre, el otro es el barrio más elegante de la ciudad.
4. cal (química blanca, a veces usada para pintar casas)
5. calefacción (sistema de dar calor)   Recientemente hemos instalado calefacción central en nuestra casa.
6. cuadra (unidad de tierra en una ciudad)   Jorge vive a tres cuadras de mi casa. Hay 14 casas en nuestra cuadra.
7. jardín (donde crecen las flores)   A mamá le gusta trabajar en su jardín. Tenemos muchas rosas en nuestro jardín.
8. ladrillo   Nuestra casa está construida de ladrillos rojos.
9. madera (la madera viene de árboles)   La casa de mi hermano es de madera. Esta mesa también es de madera.
10. techo (lo que cubre la casa)

    1 rug, carpet   3 neighborhood, district   5 heating   7 garden   9 wood
    2 to sweep   4 lime, whitewash   6 block   8 brick   10 roof

related words

blancura (de blanco) — *whitewash*
calefaccionar (de calefacción) — *to heat*
cálido (de calor) — *warm*
casucha (de casa) — *shack*
cuadrado (de cuadro) — *square*
edificación (de edificio) — *process of building*
encerrado (de cerrar) — *enclosed*
guardarropas (de guardar y de ropa) — *closet*

lavaplatos (de lavar y de plato) — *dishwasher*
lechada (de leche) — *thin coating*
pobreza (de pobre) — *poverty*
rascacielos (de rascar y de cielo) — *skyscraper*
ropero (de ropa) — *chest, wardrobe*
techar (de techo) — *to roof*

expressions

ama de casa — *housewife*
aparato eléctrico — *electric appliance*
en vez de — *instead of*
hacer papel de — *to play the role of*
verja de hierro forjado — *wrought iron grating for windows*

Cuando llegaron los españoles a esta tierra, tuvieron que construir casas para sus familias. Las construyeron semejantes a las que habían tenido en España. Tuvieron que hacer algunas adaptaciones debidas al clima, pero el estilo fue uniforme en toda Hispanoamérica. Este estilo se conoce ahora con el nombre de "colonial."

La planta de la casa típica colonial tiene forma cuadrada, con un patio en el centro. Todos los cuartos dan al patio, que no tiene techo. En vez de tener un jardín en el frente, el jardín está en ese patio, que es el centro de la vida de la casa.

Estas casas coloniales están construidas de ladrillos con una lechada de cal. Por eso, las poblaciones de características coloniales impresionan por su blancura. Las ventanas se protegen con hermosas verjas de hierro forjado.

Debido a la influencia de este estilo, hoy día hay tendencia en muchas partes de Latinoamérica de tener un patio encerrado en la casa, aunque con modificaciones. Sin embargo, en algunos países las leyes de edificación en la actualidad obligan a tener el patio detrás de la casa. Al unirse los patios de todas las casas, forman un gran espacio descubierto en el centro de la cuadra. Pero en los barrios viejos, en los que generalmente vive ahora la gente pobre, se pueden ver los patios interiores.

La gente muy pobre, claro está, vive donde puede, muchas veces en casuchas que asombran por su pobreza. Y algunos indios que viven en poblaciones aisladas siguen con la construcción india de la época precolombina.

En las grandes ciudades de Latinoamérica, se encuentra mucha variación en las casas. En un barrio rico, por ejemplo, las casas están rodeadas de grandes parques. O en un barrio muy antiguo, se las puede encontrar de puro estilo colonial. Hay mucha innovación en arquitectura—algunos de los edificios más vanguardistas del mundo se encuentran en Latinoamérica. En los centros urbanos van desapareciendo los edificios bajos, sustituidos por enormes rascacielos.

Las Casas

La casa latinoamericana actual de las clases rica y media no tiene mucha diferencia con la casa norteamericana. Casi todas tienen el comedor a una cierta distancia de la cocina, porque muchas familias tienen criadas. Las criadas tienen su propia sección de la casa—"las dependencias de servicio"—y la cocina se considera parte de esa sección. En algunas de las casas más modernas de Latinoamérica, se puede encontrar algo parecido al "family room" norteamericano. En el estilo colonial, cuando el patio central está techado, hace ese papel.

En Latinoamérica no se encuentra tanta construcción de madera como en los Estados Unidos, debido a que no tienen tantos árboles que sirven para la construcción. También, en las regiones tropicales hay muchos insectos que atacan la madera. Por eso, las paredes se hacen con ladrillo o con cemento.

Los latinoamericanos que vienen a vivir a nuestro país critican mucho el uso muy fuerte—para el gusto de ellos—de la calefacción. Si calientan sus casas lo hacen solamente lo necesario para tener una temperatura agradable; pero están vestidos con ropa de abrigo.

En algunas salas, se puede encontrar las alfombras de "pared a pared" tan apreciadas en los Estados Unidos. Pero, por lo común,

Todavía se ve este espectáculo en muchas regiones: las míseras casuchas, las calles sin asfalto, los rústicos postes que sostienen los cables eléctricos. (Bolivia)

los suelos de las casas en Latinoamérica son de madera o de mosaicos. Las amas de casa—o las criadas—tienen que limpiar los mosaicos todos los días: parece que siempre están barriendo o lavando. A veces usan alfombras pequeñas durante el invierno, para que el suelo no resulte tan frío.

Al entrar en una casa latinoamericana, no se nota grandes diferencias con las nuestras. Pero hay algunas. No tienen tantos guardarropas en los dormitorios; en su lugar tienen los anticuados roperos. Las cocinas no parecen tan "modernas" como las nuestras, y hay menos aparatos eléctricos. Bastante rara es la casa que tenga un lavaplatos eléctrico, un "blender," y un "can opener" automático.

Pero es justo decir que aunque las casas latinoamericanas no tienen el aspecto de la última edición de *House and Garden,* sí tienen, en cambio, el ambiente cálido de la familia latina.

Dibujos que representan una casa típica colonial en Córdoba, Argentina. Los cuartos son (1) zaguán, (2) patio, (3) sala, (4) comedor, (5) dormitorios, (6) servicio, (7) pasadillo. (Argentina)

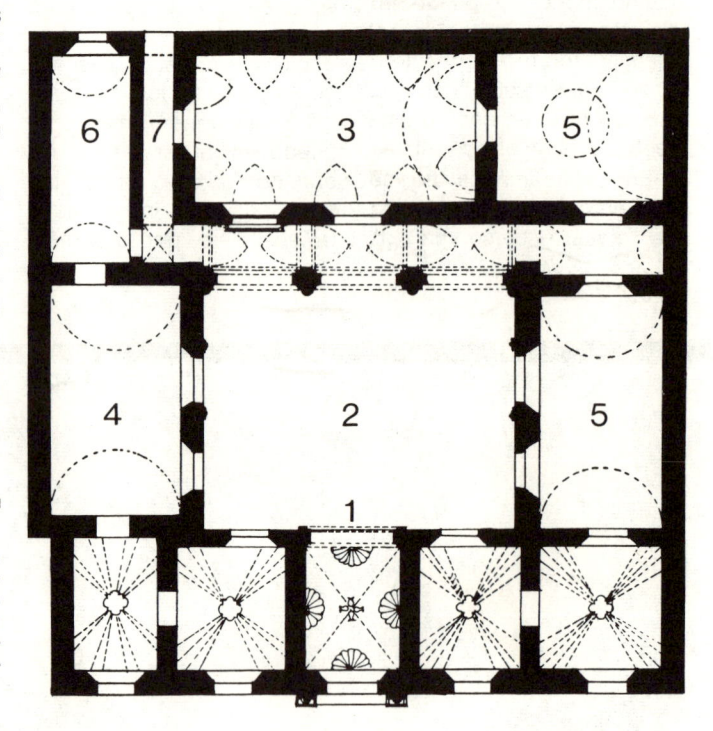

Calle

Colombia también se levanta para "rascar al cielo." Esta esbelta casa de departamentos se levanta junto a las casas típicas de la época colonial. (Colombia)

A / Answer the following questions.

1. ¿Por qué construyeron los españoles casas semejantes a las que habían tenido en España?
2. ¿De qué color es la casa típica colonial?
3. ¿Qué hay en el centro de la casa típica colonial?
4. ¿Dónde está el jardín de una casa latinoamericana?
5. ¿Quiénes viven ahora en los barrios viejos?
6. ¿Dónde hay arquitectura vanguardista en Latinoamérica?
7. ¿Qué fenómeno se ve en los edificios de los grandes centros urbanos?
8. ¿Por qué no hay mucha construcción de madera en algunas partes de Latinoamérica?
9. ¿Cuál es más fácil construir, un edificio de madera o uno de ladrillos?
10. ¿Por qué hay menos aparatos eléctricos en la cocina latinoamericana?

B / Give a definition, completely in Spanish, of the following words which you have learned in Chapters 10–13.

1	barrer	6	ceniza
2	sala	7	carne
3	techo	8	novio
4	jardín	9	receta
5	acera	10	paz

C / Write a short description of your house, using the following questions as a guide.

¿Dónde está? ¿Es grande o pequeña? ¿Cuántas habitaciones tiene? ¿Cuáles son (sala, cocina, comedor, cuarto familiar, sótano, dormitorio)? ¿Hay alfombras de pared a pared? ¿Qué aparatos eléctricos hay en la cocina? ¿Son necesarios todos? ¿De qué color es la casa? ¿Es de madera, ladrillos, o cemento? ¿Es una casa o un edificio de departamentos?

14 ROPA

En esta exposición al aire libre se puede ver al campesino vestido de diferentes modos. Unos hombres llevan *overall* mientras otros visten más al estilo indio. (México)

cognates

adornar, amplio, canon, colombiano, conmemorar, copiar, defender, delicado, doblar, estereotipo, impecable, inmediatamente, innumerable, material, nacionalista, particularmente, principalmente, reminiscencia, resistir, sarape, vicuña, vívido

new words

1. barato (que no cuesta mucho)
2. corto (contrario de largo)   Me gusta ver a una chica que lleva un vestido corto.
3. coser (acto de hacer vestidos)   Ella sabe coser muy bien. Ella cose todos los vestidos que tiene.
4. dibujo   El artista ha hecho unos dibujos excelentes.
5. escaparate   Me gusta ir al centro y mirar los escaparates de las tiendas grandes.
6. harapiento (con ropa muy rota)   Esos niños pobres son muy harapientos.
7. lucir   Mi esposa ha comprado un vestido nuevo y quiere lucirlo esta noche.
8. orgullo (estimación propia)   Ella tiene orgullo en lo que ha hecho.
9. paja (hierba seca)   Los caballos comen paja. Este sombrero es de paja.
10. tamaño   Yo soy grande, y mis pantalones son de tamaño grande.
11. trenza (manera de arreglar el pelo)   Marianela tiene el pelo en dos trenzas largas.

1 cheap	3 to sew	5 store window	7 to show off	9 straw	11 braid
2 short	4 sketch, drawing	6 ragged	8 pride	10 size	

related words

comodidad (de cómodo) — *comfort*
descalzo (de calzar) — *barefoot*
desgraciadamente (de gracia) — *unfortunately*
desnutrido (de nutrir) — *undernourished*
dibujar (de dibujo) — *to draw*

máquina (de maquinaria) — *machine*
paisana (de país) — *country girl*
preciado (de precio) — *prized*
veraneo (de verano) — *summer vacation*

words related to clothing

bufanda — *scarf*
corbata — *tie*
enagua — *slip*
falda — *skirt*

huarache — *sandal*
minifalda — *miniskirt*
moda — *fashion, style*
modista — *seamstress*

pantalón — *pants*
ruana — *Colombian version of a poncho*
tela — *cloth*

expression

con respecto a — *in respect to*

adverb used as a noun

el bien (*a possession*)   Ella tiene muchos bienes.

Cuando en los Estados Unidos uno quiere dar idea de un mexicano típico, dibuja a un hombre que lleva pantalones blancos, huaraches, un sarape, y un enorme sombrero de paja. Cuando vemos tal dibujo, todos sabemos inmediatamente que se trata de un mexicano.

Sabemos también que es un estereotipo, pero como todos los estereotipos, tiene su fondo de verdad. Cada país o región de Latinoamérica tiene su traje típico o nativo. Las diferencias que hay entre las ropas de cada zona se deben principalmente a razones climáticas. Por ejemplo, el sarape mexicano tiene la propiedad de resistir las lluvias que caen casi diariamente en México, mientras la ruana colombiana protege del frío de las montañas. Por lo común, los nativos usaban esta ropa: servía para protegerlos del clima, y les permitía trabajar con comodidad.

Algo muy típico en numerosas partes de Latinoamérica es el uso del poncho. En México se llama "sarape" y es usado por la gente pobre. En Colombia, se llama "ruana." La usa la gente que vive a gran altura. En Bogotá, ciudad muy cosmopolita, es común ver a un hombre vestido de traje, que como abrigo lleva su ruana. Los pobres de las regiones frías siempre llevan poncho. En la Argentina, el poncho del gaucho resultó demasiado grande. Por eso, lo doblaban y lo usaban como bufanda. Redujeron más el tamaño, y con el mismo material se hicieron las "chalinas." En los escaparates de Buenos Aires se ven delicadas chalinas de vicuña.

Ropa

84

Sobre el traje de impecable corte inglés, el argentino luce la chalina nativa con orgullo nacionalista.

Las ropas "típicas" de las mujeres—las que se ponen sólamente en las fiestas públicas cuando se conmemora alguna fecha nacional—tienen una fuerte reminiscencia española. Son amplias faldas debajo de las cuales se ven innumerables enaguas. En la región del Perú, Bolivia, y norte de Argentina, las "cholas" (mujeres en ropa "típica") llevan estas faldas de colores muy vívidos, hasta media pierna. En Argentina, la "paisana" la usa más larga, y de colores muy claros. Aquéllas usan un sombrerito; éstas se adornan con una cinta en la frente o en las trenzas.

Hoy día, al recorrer Latinoamérica, no se nota gran diferencia con la ropa que se usa en los Estados Unidos. Desde hace muchísimo tiempo, Londres es el centro de la moda masculina, y París lo es de la femenina. Esto quiere decir que casi todo el mundo occidental, con pequeñas diferencias, está vestido más o menos en forma parecida—pero debemos decir que aquí hablamos de la gente de las clases media y alta.

Esto es particularmente notable entre las mujeres. La elegante de cualquier parte de Europa o América se viste según los cánones de los grandes modistas de París, Nueva York, y Roma. Y esto no ocurre sólo entre la clase alta. En casi toda Latinoamérica, la mujer sabe coser. El bien más preciado para ella es su máquina de coser. Con un poco de tela—que es muy

En La Paz, Bolivia, se puede ver una mezcla de ropa. Hay indios en vestidos nativos, y otra gente que lleva ropa más cosmopolita. Fíjese en los sombreros que llevan las mujeres indias. (Bolivia)

buena y bastante barata—se hace un vestido nuevo que habrá copiado de un *Vogue*.

La gente latinoamericana es generalmente más conservadora en la ropa que los norteamericanos. Los hombres van siempre de traje, camisa, y corbata. Nunca van por la calle en "Bermuda Shorts," pero sí los llevan en los clubes y lugares de veraneo. Las mujeres usan "pantalones" solamente en esos mismos lugares. (Esto está cambiando en algunos países, en las ciudades grandes.) Las chicas jóvenes usan minifaldas, pero en las iglesias, por ejemplo, no las dejan entrar si la falda es muy corta. En la escuela no les permiten entrar con pantalones.

Todo lo dicho es con respecto a la gente de la clase media o alta: para los muy pobres la moda no existe. La ropa es sólo un elemento para cubrirse el cuerpo, para defenderse del clima. Hay regiones, desgraciadamente, donde hay tanta pobreza que se ven niños descalzos, harapientos, que apenas tienen con qué cubrir sus cuerpos desnutridos.

La humilde mujer mexicana de campo usa el rebozo como su antecesora, la española. Una de éstas lo usa para ayudar a sostener al niño. (México)

Cuatro indias peruanas cerca de Cuzco. Visten al modo indio, y todas llevan sombrero. (Perú)

86

A / Complete each of the following sentences in Spanish.

1. El estereotipo de un mexicano lleva . . . .
2. Cada región de Latinoamérica tiene

   tiene su traje típico o nativo
3. Las diferencias en la ropa se deben a . *Razones Climáticas*
4. El poncho es . . . .
5. La ruana es . . . .
6. La capital de la moda para hombres es . . . .
7. La mujer latinoamericana puede coser . . . .
8. En la calle, los hombres siempre llevan . . . .
9. Para los pobres, la moda . . . .
10. Hay niños pobres que no . . . .

B / Use the following expressions, which you have learned in Chapters 8–14, in original sentences.

1. de vez en cuando
2. luna de miel
3. hoy día
4. con respecto a
5. en la actualidad
6. dar de comer
7. en vez de
8. dar clase
9. a comienzos de
10. por lo tanto

Los hombres del pueblo visten a la usanza local. Estos dos hombres son vendedores que ofrecen sus mercancías a la gente de Taxco, en México. (México)

C / Discuss the following questions.

1. ¿Qué tipo de ropa prefiere llevar Vd. en general? ¿A la clase? ¿A la iglesia o sinagoga? ¿En casa?
2. ¿Qué tipo de ropa debe llevar el profesor? ¿El médico? ¿Un vendedor?
3. Hay un refrán en inglés que dice, "The clothes make the man." ¿Es verdad o no? ¿Cómo?
4. A veces vemos conformismo en la ropa (*e.g.*, los uniformes de los militares). ¿Qué efectos produce este conformismo? ¿Son buenos o malos?
5. El "Frito Bandito" en la televisión lleva la ropa que describimos en el primer párrafo. ¿Por qué no le gusta el "Frito Bandito" a la gente de descendencia mexicana?

15 EL TRANSPORTE

Carretera moderna entre La Guaira y Caracas en Venezuela. El hombre siempre busca acercarse a los otros hombres, uniendo montañas, bordeando precipicios. (Venezuela)

cognates

aeropuerto, aspirar, balsa, beneficio, bordear, canoa, decorar, dirección, emblema, equivalente, espacioso, estructura, finalmente, frágil, grado, inaugurar, incluso, industria, internacional, monumental, mula, opinión, pacientemente, panamericano, pieza, precipicio, rápidamente, reflejar, roca, ruta, semáforo, suficientemente, torrentoso, tremendo, túnel

new words

1. ancho (contrario de estrecho) Esta calle es ancha, hay espacio para cuatro coches.
2. bocina (instrumento en los coches para llamar la atención)
3. carreta (vehículo de estilo antiguo; en vez de un motor hace uso de animales)
4. cavar (penetrar la tierra) Van a cavar un túnel por esta montaña.
5. cesto Cuando va de compras, la vieja pone sus compras en el cesto que lleva.
6. espeso (denso) La selva tropical es muy espesa.
7. flecha Robin Hood era experto en lanzar las flechas con su arco.
8. freno (lo que detiene el coche) Puse los frenos para no chocar con ese otro coche.
9. lomo (la espalda de los animales) Cuando uno monta a caballo, se sienta en el lomo.
10. medio (manera) El medio que utilizó no me gustó nada.
11. muro (pared) Los muros de ese edificio son altos.
12. sendero (camino estrecho usado por los que van a pie) Vamos por este sendero que penetra la selva.
13. subfluvial (debajo de un río) Acaban de construir un túnel subfluvial.
14. vapor (barco gande) El *Queen Elizabeth II* es un vapor.
15. velozmente (con mucha velocidad, rápidamente)

1 wide	4 to dig	7 arrow	10 means	13 under a river
2 horn	5 basket	8 brake	11 wall	14 steamship
3 cart	6 thick	9 back of an animal	12 path	15 rapidly

related words

acortar (de cortar) — *to shorten*
altiplano (de alto y de plano) — *high plateau, highlands*
carretera (de carreta) — *highway*
enorgullecer (de orgullo) — *to take pride in*
fácilmente (de fácil) — *easily*
herencia (de heredar) — *inheritance*
hermandad (de hermano) — *brotherhood*

inesperado (de esperar) — *unexpected*
letrero (de letra) — *sign*
mensaje (de mensajero) — *message*
pedregoso (de piedra) — *rocky*
pesado (de pesar) — *heavy*
subterráneo (n.) (de subterráneo [adj.]) — *subway*

expressions

a caballo — *on horseback*

hacer un viaje — *to take a trip*

89

El Transporte

América ofrece muchos obstáculos al transporte: los ríos son torrentosos, las montañas altísimas, las selvas espesas, y las distancias tremendas. Pero el hombre, pacientemente, ha ido tendiendo puentes sobre los ríos, cavando túneles en las montañas, abriendo pasos en las selvas, acortando distancias.

El hombre es un ser social que no puede vivir aislado. Siempre ha tratado de llegar hasta los otros hombres: haciendo enormes viajes a pie, a lomo de burro, en canoa, o sobre ruedas. Por tierra, por agua, y por aire.

El español introdujo en América dos elementos importantísimos para el transporte: la rueda y el caballo. Por lo tanto, los mensajeros podían llevar velozmente sus mensajes a caballo; las ruedas de las pesadas carretas recorrían los caminos hechos para el pie del hombre.

En la zona de los grandes ríos, las frágiles canoas indias y las balsas, junto a los modernos vapores, siguen siendo el medio utilizado para llegar a regiones que sólo el río atraviesa. Pero el río que comunica también separa, y el hombre ha tenido que aprender a cruzarlo. Los primitivos medios de los indios fueron reemplazados por otros más modernos. Ahora, grandes estructuras de hierro y cemento tienden su línea elegante sobre torrentosos ríos. En 1970 Argentina inauguró su primer túnel subfluvial, que cruza el río Paraná.

Dos ciudades latinoamericanas tienen sistemas de subterráneos: Buenos Aires y México. Estos subterráneos modernos recorren rápidamente la ciudad en todas direcciones, y en ambas ciudades hay hermosas estaciones con muros decorados. Los subterráneos de México reflejan la herencia azteca de la ciudad. (Un beneficio inesperado en la construcción del subterráneo de México fue la enorme cantidad de piezas del arte precolombino que se encontraron, incluso un templo.)

A muchos norteamericanos les resulta casi imposible conducir un coche en las ciudades de Latinoamérica. El tránsito es tan intenso como en Nueva York o Los Ángeles, y hay muchos más autobuses que en los Estados Unidos. Hay menos semáforos automáticos, y en muchas de las esquinas no hay ni semáforo ni policía. A veces parece que la mayoría de los latinoamericanos usan la bocina en vez de los frenos. En verdad, el tránsito de México me pareció un gran juego de "chicken." Finalmente, las flechas que indican la dirección del tránsito y los letreros que dan el nombre de la calle generalmente están en las paredes de los edificios. Los norteamericanos no estamos acostumbrados a eso, y resulta bastante complicado encontrar la calle que se busca.

Para las grandes distancias se prefiere el tren—quizá un poco viejo ya, pero más seguro, en la opinión de muchos, que las carreteras que son peligrosas por no ser suficientemente anchas. Los trenes internacionales cruzan los Andes a gran altura por túneles cavados en la roca.

Todos los países de Latinoamérica se enorgullecen de tener modernos aeropuertos. Hay aviones de todas clases: junto a un Boeing 707 se puede ver un viejo DC-3 o un Piper Cub. El avión ha tenido un efecto tremendo en Latinoamérica:

Los grandes aviones llevan y traen mercancías, pero para este indio peruano, sus llamas son la mejor forma de transporte. (Perú)

ahora el hombre puede llegar fácilmente a los lugares más aislados.

Sin embargo, en las ciudades del altiplano, se siguen usando los primitivos medios de transporte: animales. A Quito, Cuzco, La Paz llegan llamas conduciendo sus grandes cestos con productos de industria indígena. También son usados los burros y las mulas para andar en los senderos pedregosos que bordean los profundos precipicios. El equivalente moderno del burro es el Jeep o el Land Rover, que son muy usados en las regiones remotas donde las calles —si existen— son malas.

Para la mayoría de la gente, el medio más común de transporte en los grandes centros urbanos es el autobús. Los autobuses cruzan las ciudades, y van a las regiones más alejadas. También, el viaje es muy barato.

Los países de América se han ido uniendo con el correr del tiempo, sin importar la raza ni el idioma, pero de todos los medios empleados, el que demuestra claramente el grado de buena amistad a que aspiran todos es la construcción de la monumental ruta panamericana. Muchas naciones han terminado la sección en su país; a otros les falta dinero para terminarla ahora. Pero llegará el día en que una espaciosa carretera, emblema de hermandad, una a todos los países que forman este Nuevo Mundo.

Todos los países latinoamericanos tienen sus modernos aeropuertos desde donde parten aviones para todo el mundo. Éste es el aeropuerto Mariscal Sucre en Quito. (Ecuador)

92

A / Rewrite the following sentences, prefacing each with the expression given. (Note that the subjunctive will be required in many of the sentences.)

1. María compra un auto.
   Su padre no quiere que . . . .
2. Hay un puente sobre el río.
   Parece increíble que . . . .
3. Los indios no tienen la rueda.
   Es importante que . . . .
4. Las canoas son frágiles.
   Creo que . . . .
5. México tiene un subterráneo.
   Se alegran de que . . . .
6. No hay muchos semáforos automáticos.
   Es cierto que . . . .
7. Viajas en avión.
   Te pido que no . . . .
8. María prefiere el tren.
   Te digo que . . . .
9. Los mensajeros corren rápidamente por las montañas.
   Es difícil que . . . .
10. Pones los frenos.
    Te decimos que . . . .

Para ir de un lugar a otro, la gente a veces tiene que tomar un autobús que corre por las montañas. Se puede ver una bicicleta sobre el bus. (Guatemala)

B / Answer the following questions.

1. ¿Cuáles son algunos de los obstáculos al transporte que se encuentran en Latinoamérica?
2. ¿Puede Vd. nombrar cuatro maneras de cruzar un río?
3. ¿Qué animal trajeron los españoles a América?
4. ¿Por qué son buenos los subterráneos?
5. ¿Cómo es el tráfico en las grandes ciudades latinoamericanas?
6. ¿Dónde se encuentran las flechas y letreros?
7. ¿Por qué hay muchos autobuses en Latinoamérica?
8. ¿Qué animales usan para el transporte?
9. ¿Tiene coche la mayoría de los latinoamericanos?
10. ¿Desde dónde hasta dónde corre la ruta panamericana?

16 EDUCACIÓN

Un indiecito peruano le muestra a su madre—que seguramente no sabe leer—la cartilla con el alfabeto. ¿Qué diferencias ve Vd. entre este alfabeto y el de inglés? (Perú)

cognates

abolir, absolutamente, actividad, activista, adquirir, ciencia, contacto, corresponder, criticar, curriculum, depender, diferir, disputar, especialidad, especialización, exactamente, fraternidad, generalización, geografía, gramática, impersonal, medicina, noción, obligatorio, pronunciación, reforma, técnico, teórico, universal, violento

deceptive cognate

dato — *data, fact*

residencia — *dormitory*

new words

1. constar (consistir) La escuela primaria consta de siete años.
2. elegir Cada cuatro años, elegimos un nuevo presidente del país.
3. escoger (elegir) No sé qué vestido debo escoger, éste o aquél.
4. huelga (cesación de trabajo para conseguir concesiones del jefe) Los trabajadores están de huelga. Los estudiantes declararon una huelga de protesta.
5. ingresar (entrar) Este año Alfredo ingresa a la universidad.
6. mitad Cincuenta centavos es la mitad de un dólar.
7. privar (quitar) Me han privado de mis derechos civiles.
8. rincón (parte del cuarto donde se juntan las paredes)

 1 to consist of   3 to choose   5 to enter, to matriculate   7 to deprive
 2 to elect   4 strike   6 half   8 corner (of a room)

related words

analfabeto (de alfabeto) — *illiterate*

desarrollar (de desarrollado) — *to develop, to progress*

enfrentamiento (de frente) — *confrontation*

estudiantil (de estudiante) — *pertaining to students*

ingreso (de ingresar) — *entrance, matriculation*

porcentaje (de por y de ciento) — *percentage*

expressions

escuela normal — *teacher's school*
poco a poco — *little by little*
por ciento — *percent*
tener razón — *to be right*

Durante la época de la conquista y el período colonial, no existía el concepto de educación universal. En aquellos tiempos, muy pocos sabían leer y escribir; la mayoría de los españoles que vinieron al Nuevo Mundo eran analfabetos.

Aunque se habían establecido algunas universidades durante la época colonial y la iglesia también tenía escuelas, el concepto de educación para todos no se desarrolló hasta ganada la independencia. Había muchas dificultades en establecer escuelas en los rincones remotos de los países, y en encontrar maestros preparados que quisieran vivir aislados del resto del mundo. No obstante, poco a poco, la educación se fue extendiendo.

Al empezar la segunda mitad de este siglo, todavía había un gran porcentaje de gente analfabeta. Algunos países empezaron grandes campañas de alfabetización. Ahora hay países como Argentina, Chile, Cuba, y Uruguay donde el porcentaje de analfabetismo es menos del diez por ciento. En cambio, sólo el veinte por ciento de la gente de Haití sabe leer y escribir. Estas campañas de alfabetización son absolutamente necesarias si los países quieren progresar.

El sistema educativo en Latinoamérica difiere del sistema de los Estados Unidos, y hay muchísima variación entre los países; hay más diferencias en la educación que en cualquier otro aspecto de la sociedad. Esto quiere decir que las generalizaciones que escribimos aquí son exactamente eso: generalizaciones.

En todos los países hay tres niveles: primario, secundario, y universitario. El primero es obligatorio para todos, y consta de cinco, seis, o siete años. Durante esos años, los alumnos aprenden a leer y escribir, y adquieren nociones básicas de matemática, gramática, historia, geografía, etcétera. En algunos países también aprenden una lengua extranjera.

En las escuelas primarias, los alumnos aprenden más rápidamente a leer y escribir que aquí. Esto no se debe a que se enseña mejor, sino a

Educación

que el sistema de escritura del español corresponde mucho mejor a la pronunciación que en inglés.

Después de terminar el nivel primario, los niños pueden ingresar a la escuela secundaria. Aunque los jóvenes tienen entre diez y trece años, tienen que escoger una especialidad: comercial, escuela normal, escuela técnica, o el bachillerato. En algunas especializaciones, los alumnos van a la escuela sólamente parte del día: trabajan las otras horas.

En muchos países, el alumno que quiere ir a la universidad tiene que estudiar el bachillerato. Éste es un examen que el alumno toma después de la escuela secundaria; los alumnos tienen que tener buenos conocimientos de las humanidades y las ciencias.

Para entrar a la Universidad, el joven en algunos países tiene que tener el bachillerato, elegir la carrera (medicina, leyes, letras, etcétera), y tomar un examen de ingreso. Si no sale aprobado—o si no recibió el bachillerato—puede asistir a clases especiales, preparándose para los exámenes.

Es evidente que este sistema no ofrece educación universitaria universal; en algunos países menos del cincuenta por ciento de los alumnos que quieren entrar a la Universidad pueden ingresar. Esto no es "democrático," y muchos países han hecho—o piensan hacer—reformas, para que más

Aunque la radio jamás puede reemplazar a un maestro, a veces usan la radio y un maestro en las campañas de alfabetización. Estos indios oyen la lección desde Lima, y el maestro explica lo que han aprendido. (Perú)

alumnos puedan educarse en la universidad. Algunos países ya han abolido el bachillerato.

Algunos norteamericanos critican la educación latinoamericana, diciendo que los alumnos saben muchos hechos, fechas, y datos, pero que no saben qué hacer con ellos. Otros disputan esto, diciendo que los alumnos los aprenden en la escuela secundaria; en la Universidad aprenden a pensar. ¿Quién tiene razón? Eso depende del país. Lo que es verdad es que el curriculum de todos los países es más estricto y más rígido que aquí, y las clases son más impersonales. Hay muy poco contacto entre los profesores y los alumnos.

La vida estudiantil es bastante diferente de los Estados Unidos, también. Hay muy pocas universidades con residencias para los alumnos. El concepto de fraternidades no se conoce. Hasta 1968, uno habría dicho que los alumnos latinoamericanos son más activistas que los norteamericanos. Una huelga estudiantil no es cosa rara, y los enfrentamientos entre policías y estudiantes suelen ser violentísimos.

Aunque los profesores gozan de mucho prestigio, no ganan mucho dinero. Por eso, muchos de los profesores mantienen actividades privadas—como médicos o profesores de leyes—o tienen puestos en dos o tres universidades.

La Universidad Nacional en Bogotá es representante de las grandes y buenas universidades que se encuentran en la América del Sur. (Colombia)

A / Answer the following questions orally.

1. Durante el período colonial, ¿existía o no el concepto de educación universal? *No*
2. ¿Podían leer la mayoría de los españoles que vinieron al Nuevo Mundo o eran analfabetos?
3. ¿Había universidades durante el período colonial?
4. ¿Es difícil o fácil encontrar maestros para las zonas aisladas?
5. ¿Es necesario el alfabetismo si un país quiere progresar?
6. ¿Hay dos niveles o tres en el sistema educativo latinoamericano?
7. ¿Tienen todos los jóvenes que asistir a la escuela secundaria?
8. ¿Aprenden los latinoamericanos a leer y escribir más rápidamente o más despacio que los alumnos norteamericanos?
9. ¿Corresponde el bachillerato al *Bachelor's Degree* de los Estados Unidos?
10. ¿Las huelgas estudiantiles son raras o no?

B / Use the following new words, cognates, and related words to complete the following sentences.

analfabeto   curriculum   elegir   enfrentamiento   escoger   huelga   ingresar   mitad   privar   rincón

1. Seis pulgadas es la *mitad* de un pie.
2. Yo _____ a la universidad hace dos años. *ingresó*
3. El piano está en el *rincón* del cuarto.
4. Ese hombre es _____ ; no sabe leer ni escribir. *analfabeto*
5. Había un ~~toety~~ violento entre la policía y los alumnos. *enfrentamiento*
6. Los trabajadores van a declarar una _____ para mañana. *huelga*
7. El curso de estudios de la universidad es el _____ . *curriculum*
8. Los alumnos _____ presidente a Luis. ~~eligen~~ *eligen*
9. La policía me quiere _____ de mi libertad. *privar*
10. De los dos sombreros, ella ha _____ el blanco. *escogido*

C / Discuss the following questions.

1. Después de asistir a la universidad, muchas veces ocurre que un hombre que viene de un pueblo aislado no quiere volver a su pueblo para ayudar allá. ¿Por qué? ¿Debe volver? ¿Por qué? ¿Pasa esto en los Estados Unidos también?
2. "Estas campañas de alfabetización son absolutamente necesarias si los países quieren progresar." ¿Es verdad esto o no? ¿Por qué?
3. El dictador de Haití no quiere que la gente sepa leer y escribir. ¿Por qué quiere el analfabetismo un dictador?

17 FIESTAS Y FESTIVALES

Las Fiestas de la Independencia se celebran con grandes fiestas populares. Por la noche, la ciudad se ve mágicamente iluminada por las multicolores luces de los fuegos artificiales. (México)

cognates

alegórico, artificial, atención, atrio, capital, marquesa, militar, ocasión, oficiar, pasión, carnaval, carro, catedral, celebración, popular, prácticamente, procesión, representación, república, residente, restaurante, énfasis, entero, entusiasmo, Epifanía, espectáculo, extrovertido, festival, festividad, gabinete (cabinet), gala, individual, luminoso, marruina, separación, solemne, taberna, venerar

new words

1. arco (porción de una curva)   En París vimos el Arco de Triunfo.
2. bullicio (ruido y confusión de mucha gente)
3. confitería (donde venden dulces y confites)
4. cura (sacerdote)   El cura va a cantar misa.
5. desfile   El desfile más famoso es el Desfile de las Rosas cada enero en Pasadena.
6. disfraz (vestido de máscara)   La noche de Halloween, todos los niños se ponen disfraces.
7. fuego (combustión de la madera)
8. Navidad (el 25 de diciembre)
9. orilla (la tierra junto al río o al mar)
10. oso (animal grande y feroz)   "Smokey el Oso" protege las selvas de los Estados Unidos.
11. palco (colección de asientos para la gente que quiere ver un espectáculo)
12. peregrino (persona religiosa que visita un lugar sagrado)
13. rezar (hablar a Dios)   El cura reza todos los días.
14. vecino (el que vive cerca)

1 arch	4 priest	7 fire	10 bear	13 to pray
2 commotion	5 parade	8 Christmas	11 grandstand	14 neighbor
3 candy shop, sweetshop	6 disguise	9 shore	12 pilgrim	

related words

alegría (de alegre) — *happiness*
arbolado (de árbol) — *tree-lined*
castañuela (de castaño) — *castanets*
desfilar (de desfile) — *to parade*
embanderar (de bandera) — *to fly the flag, to cover with flags*
enmascarar (de máscara) — *to mask*
festejar (de fiesta) — *to celebrate*
lanza-perfume (de lanzar y de perfume) — *a device which you throw at someone and which releases a small amount of perfume when it strikes*

medianoche (de medio y de noche) — *midnight*
pasear (de paso) — *to walk, to stroll*
paseo (de paso) — *a stroll, a street*
renombrado (de nombrar) — *renowned*
serpentina (de serpiente) — *streamer*
titiritero (de títere) — *puppeteer*
vecinal (de vecino) — *pertaining to a neighborhood*

expressions

en conjunto — *together*   papel picado — *confetti*

Los españoles trajeron consigo su pasión por todo lo que significara espectáculo. Su espíritu extrovertido se encontraba feliz, en la calle o en la taberna conversando con su vecino. Fueron siempre gente de música y castañuelas. Y no había sólamente el juego de los juglares, o las representaciones de los titiriteros, o los bailes en las plazas: la religión también ofrecía el magnífico espectáculo de sus Misterios en los atrios de las iglesias para Navidad y para la Epifanía.

Si a esto agregamos que los indios—como lo demuestran las ruinas mexicanas en Monte Albán y otras—también se reunían en gran cantidad para sus celebraciones, podemos concluir que todo ese movimiento que nos llama la atención cuando visitamos un país latinoamericano tiene sus raíces en los remotos momentos de la colonización.

La vida en la calle es el festival diario de todo latinoamericano. La gente pasea por las calles hasta pasada la medianoche. Los restaurantes, confiterías, y cafés, con música o sin ella, no cierran antes de las tres de la mañana. En verano se ponen mesitas en las aceras, en las orillas de los ríos, o en los paseos arbolados, y se come o se toman refrescos y helados.

Si así es la vida en la calle, ¡qué decir del día de las grandes conmemoraciones religiosas o cívicas! El pueblo entero sale de las casas para ver y para participar.

La fiesta máxima que celebran todas las naciones latinoamericanas es el día de su Independencia. Los edificios públicos y las casas particulares se embanderan. Las municipalidades tienden arcos luminosos y palcos en las calles para el desfile militar. Por la mañana se oficia el *Te Deum* en la catedral, al que concurre el Presidente de la República y su gabinete. Por la tarde desfilan las fuerzas de las tres armas. Por la noche, hay función de gala en el teatro mayor de la capital, bailes populares en las calles, fuegos artificiales, y alegría por todas partes.

Fiestas y Festivales

Los latinoamericanos festejan el haberse liberado de los españoles, pero como buenos hijos, honran a la Madre Patria, el día 12 de octubre. Llaman a esta fecha el Día de la Raza. Se quiere poner énfasis en que el descubrimiento fue realizado por España, y que todas las naciones desde México hasta Argentina forman una enorme comunidad descendiente de aquélla.

El carnaval (o "Mardi Gras") es otra gran fiesta colectiva en que el pueblo sale a la calle. Son famosísimos los carnavales de Río de Janeiro y de Panamá. (En otros países, por el contrario, ha dejado prácticamente de celebrarse.) Los enmascarados, individuales o en conjunto, y carros alegóricos se preparan con gran entusiasmo desde días anteriores. Las sociedades vecinales establecen premios a los mejores disfraces. En los clubes se hacen grandes bailes con las orquestas más renombradas. Todo es bullicio y alegría. Un oso baila con una marquesa, y Napoleón con un "jipi." Se juega con serpentinas, papel picado, y lanza-perfumes.

Las festividades religiosas en Latinoamérica son mucho más numerosas que en los

Descendientes de los Gauchos de Güemes, que defendieron la frontera norte de Argentina contra los españoles, llegan a Buenos Aires para celebrar su día de la Independencia. (Argentina)

Estados Unidos. Esto se debe en parte a que casi toda la gente latinoamericana es católica, y a que durante siglos no hubo separación entre el estado y la iglesia.

Hay muchos festivales para honrar a la Virgen o a un santo patrón. La Virgen se apareció en distintos lugares, y siempre conmemoran la aparición con una gran fiesta. La más grande es la de México, cuando celebran el Día de la Virgen de Guadalupe. Hay misas solemnes y procesiones a las que asisten no sólo los residentes, sino que llegan peregrinos de todo el país, y aun del extranjero.

Cada pueblo en Latinoamérica tiene su santo patrón. El cura del pueblo siempre organiza la festividad para honrar al santo: ese día hay una misa cantada, procesiones, bailes, música, y alegría para jóvenes y viejos.

Para el latinoamericano toda ocasión es buena para conversar, reír, cantar, bailar, y . . . rezar. Es por esta razón que en esos países tienen muchos más festivales de todo tipo que nosotros.

Para celebrar el Día de los Muertos, la gente de la isla Janitzio en el lago Pátzcuaro viene al cementerio y allí enciende muchos velones. (México)

A / Tell if the following sentences are true or false.

1. A la gente española siempre le han gustado fiestas y festivales. *Verdad*
2. Los indios nunca tenían celebraciones. *Mentira*
3. La gente latinoamericana generalmente se acuesta temprano. *Mentira*
4. La vida en la calle es el festival diario de los latinoamericanos. *Verdad*
5. En Latinoamérica el día de la Independencia es de mínima importancia. *Mentira*
6. Los latinoamericanos honran a España en mayo. *Mentira*
7. La celebración en honor de España es "El Día de la Raza." *Verdad*
8. El carnaval en Río de Janeiro es una celebración grande. *Verdad*
9. Hay menos fiestas de tipo religioso en Latinoamérica que en Estados Unidos. *Mentira*
10. Parece que cada pueblo en Latinoamérica tiene su santo patrón. *Verdad*

B / Supply the *one* word missing from each of the following sentences.

1. Ellos van _____ celebrar el carnaval en Río.
2. El presidente tiene _____ asistir a misa en la catedral.
3. Ella _____ baila nunca.
4. Pedro vio _____ Juanita en la fiesta.
5. María _____ rezando ahora.
6. Me gusta mucho _____ música latinoamericana.
7. Ella va a entrar _____ la iglesia.
8. A Pepito y María _____ gusta pasear por las calles.
9. Ella es la chica _____ fue al cine con Alberto.
10. No cierran los cafés antes _____ las tres.

C / Discuss the following questions.

1. ¿Cuáles son las grandes celebraciones públicas en los Estados Unidos?
2. Una de las fechas más celebradas en Estados Unidos es la Navidad. ¿Qué significa esto a la gente que no es cristiana? ¿Qué hacen los judíos, por ejemplo, en Navidad?
3. Compare Vd. la vida diaria en la calle de Latinoamérica con la de los Estados Unidos.

18 LOS DEPORTES

Buenos Aires, ciudad fanática del fútbol, tiene monumentales estadios que, sin embargo, no alcanzan a alojar a todos los aficionados. (Argentina)

cognates

aficionado, álbum, ambulante, armonioso, auto, avalancha, básquetbol, campeón, contender, contener, culto, dedicar, estadio, estatuto, estrofa, evidentemente, expander, físico, gimnasia, gol, golf, impotente, incidente, infinidad, insulto, laguna, laurel, modificar, oda, olimpiada, originariamente, poeta, popularidad, pronóstico, resultado, romano, sano, sector, suspender, tenis, tragedia, transportar, vasco, yate

new words

1. alarido (grito) Hubo un gran alarido de alegría cuando nuestro equipo ganó.
2. atestado (lleno de gente) El estadio está atestado en anticipación del partido.
3. bandera (símbolo de un país) La bandera de los Estados Unidos es roja, blanca, y azul.
4. camión (autobús; vehículo más grande que un coche)
5. cancha (terreno en que se juega un deporte: la cancha de tenis, la cancha de fútbol, etc.)
6. dictamen (decisión del referee)
7. enfurecido (enojadísimo) Estaba enfurecida con lo que él había hecho.
8. equipo (grupo de hombres que juegan juntos) Los Mets son un equipo de béisbol.
9. golosina (dulce—de comer)
10. herir (hacer daño al cuerpo) Se pelean pero nunca se hieren.
11. mente Tienes que pensar. ¡Usa tu mente, piensa!
12. pelota El béisbol, el fútbol, el tenis, y el golf se juegan con una pelota.
13. piscina ¡Hace calor! Vamos a la piscina para nadar.
14. rebotar Cuando se tira la pelota a la pared, rebota de la pared.
15. remo El capitán del equipo de remo dice, "Stroke, Ho."
16. sencillo (fácil)
17. tema (asunto) Siempre hablan del mismo tema, las chicas.

1 shout	4 bus, truck (there is a wide variation from country to country)	5 field, court	8 team	11 mind	14 to bounce, to rebound
2 full (of people)		6 decision, call	9 a sweet, a "goody"	12 ball	15 rowing
3 flag		7 furious	10 to wound	13 swimming pool	16 simple, easy
					17 theme

related words

antepasado (de ante y de pasar) — *ancestor*

belleza (de bello) — *beauty*

botellazo (de botella) — *a hit over the head with a bottle*

campeonato (de campeón) — *championship*

cercanía (de cerca) — *the near-by area*

desviar (de vía) — *to get off the road*

disponer (de poner) — *to dispose*

dondequiera (de donde y de querer) — *wherever*

enarbolar (de árbol) — *to unfurl*

griego (de Grecia) — *Greek*

hormiguero (de hormiga) — *crawling, swarming*

ida (de ir) — *departure*

jugador (de jugar) — *player*

juntar (de junto) — *to join*

mundial (de mundo) — *world* (adj.)

natación (de nadar) — *swimming*

terreno (de tierra) — *land*

toreo (de toro) — *bullfighting*

vencedor (de vencer) — *conqueror, winner*

expressions

a la redonda — *all around*   de repente — *suddenly*   al aire libre — *in the open air*

Los Deportes

La pasión que sienten los latinoamericanos por los deportes les viene de sus remotos antepasados, los griegos y los romanos, que hicieron un culto de la belleza física. Los griegos celebraban sus famosas Olimpiadas cada cuatro años, y a los vencedores les daban coronas de laurel y los poetas les dedicaban sus odas. Los romanos con su conocido "mens sana in corpore sano" (una mente sana en un cuerpo sano) unieron al concepto de cuerpo armonioso el de la belleza del espíritu.

Los historiadores nos dicen que los indios también tenían sus juegos. Una de las ruinas famosas en México evidentemente era para un juego de pelota. Y los vascos también trajeron uno: su popular juego de la "pelota," que hacían rebotar contra una pared. Ese juego es el que ahora conocemos con el nombre de "Jai-Alai."

Durante el siglo pasado, surgieron en todos los países latinoamericanos los "clubes" que originariamente fueron de hombres solos. Los había de gimnasia, natación, remo, etcétera. Cuando la mujer logró la independencia que tiene ahora, los clubes modificaron sus estatutos, y les abrieron las puertas. Todos tienen canchas de tenis y piscinas de natación. Algunos—si la extensión de terreno lo permite—tienen *links* de golf y canchas de *rugby*. Y junto a ríos o lagunas están los clubes de pesca y de yates.

También se juegan algunos deportes que son de origen norteamericano. Bastante popular es el béisbol (algunos jugadores muy conocidos en los Estados Unidos son latinoamericanos), y también el fútbol americano y el básquetbol.

Aquí en los Estados Unidos, cuando pensamos en los deportes de tipo "español" siempre pensamos en los toros. El toreo hoy día se practica sólo en pocos países de Latinoamérica, y no se puede decir que sea el deporte "nacional" en ninguno de ellos.

De todos los deportes que se practican en los distintos países, ninguno tiene la popularidad del fútbol (*i.e.*, soccer). El partido de fútbol llena la vida del hombre latinoamericano. Pasa toda la semana haciendo pronósticos con respecto a los partidos del próximo domingo. En la oficina, en la calle, en el café, el tema es siempre el mismo: el fútbol.

Desde temprano el domingo se prepara la ida a la cancha. En las cercanías de los grandes estadios, el tránsito se suspende y desvía. Los camiones transportan a los aficionados de cada grupo, que enarbolan banderas de su club, y cantan estrofas sencillas. Las calles cercanas al estadio es un hormiguero de gente y de autos. Los vendedores ambulantes ofrecen sus golosinas: chocolate, café, y la popular Coca-Cola.

¡Y de repente, el primer gol! Un alarido estalla en el estadio atestado, y se expande cuadras y cuadras a la redonda.

¡Qué decir si un dictamen del referee no pareció justo a un sector! Desde insultos, botellazos, verduras de todos los gustos y colores, hasta verdaderas tragedias con heridos y muertos. Infinidad de veces la policía es impotente para contener la avalancha enfurecida.

Muchas veces, el juego adquiere importancia política. Cuando se juegan los campeonatos mundiales,

Ayer y hoy en México. Dos equipos de fútbol juegan su partido con la Pirámide del Sol como telón. (México)

cada persona de los países que contienden está interesadísima en los resultados del partido. Y si el equipo del otro país gana, se siente casi como si fuera una tragedia de tipo nacional.

En el Brasil, el fútbol tiene millones de aficionados. El campeón es el negro Pelé, que es un verdadero héroe nacional. Brasil ganó el campeonato mundial en 1970.

La pasión por el fútbol ha alcanzado a la mujer y también a los chicos, que juntan figuritas con las caras de los jugadores que forman los distintos equipos, y llenan interminables álbumes.

Cuando visitamos un país latinoamericano, nos parece que cada domingo los chicos, muchachos, jóvenes, y hombres desaparecen de las calles. Dondequiera que haya bastante espacio para un campo de fútbol, allí están jugando todo el día. Tanto los que juegan, como los que miran jugar, pasan un buen rato al aire libre, preocupados solamente por los incidentes del partido. Vuelven a su casa cansados y contentos, dispuestos a empezar la nueva semana de trabajo.

¡Ay! ¡Dios mío! ¡Quién puede convencer a un fanático injuriado por el "injusto" dictamen de un referee! (Argentina)

A / Answer the following questions.

1 ¿De dónde viene la pasión de los latinoamericanos por los deportes?
2 ¿Qué diferencias hay entre las Olimpiadas de la antigüedad y las de hoy día?
3 ¿Qué deporte tenemos de los vascos?
4 ¿Qué es una "pelota"?
5 ¿Qué tipos de clubes deportivos se pueden encontrar en Latinoamérica?
6 ¿Es muy popular el toreo?
7 ¿Qué deporte es la gran pasión de la mayoría de los latinoamericanos?
8 ¿Qué pasa si un dictamen del referee no les gusta a los aficionados.
9 ¿De qué país es Pelé, uno de los futbolistas de más renombre?
10 ¿En qué día juegan los latinoamericanos al fútbol?

B / Make original sentences using the following words in the order in which they are given. Add words as needed, and make any necessary changes in form.

1 quiero / Pablo / jugar / fútbol
2 verdad / latinoamericanos / gustar / béisbol
3 mañana / ir / partido / fútbol
4 creer / toreo / deporte / cruel
5 niños / jugar / pelota
6 estadio / atestado / aficionados
7 María / enfurecido / porque
8 nadar / piscina / club
9 bandera / símbolo / país
10 de repente / mamá / entrar

C / Discuss the following questions.

1 ¿Qué deportes le gusta mirar? ¿Jugar?
2 ¿Prefiere ir a un partido de béisbol o mirarlo en la televisión? ¿Por qué?
3 Todas las culturas del mundo tienen juegos. ¿Por qué siempre quiere el hombre jugar?
4 ¿Qué prefiere Vd. participar en un partido o mirarlo? ¿Por qué? ¿Qué diferencias hay entre participar y mirar? ¿Prefiere Vd. mirar un partido de profesionales o de no profesionales? ¿Por qué?

19 EL TEATRO Y EL CINE

A veces las salas de espectáculos se construyen con todo lujo. Compare este cine grande y magnífico con el humilde teatro chileno. (México)

Conocido por el nombre, "Cantinflas," Mario Moreno es el popular cómico mexicano bien conocido entre nosotros. (México)

---
cognates

ansioso, apasionar, artista, artístico, clásico, colonizador, cómico, crisis, demanda, desdeñar, devastar, economía, efervescencia, empresario, esencialmente, exclusivamente, experimental, filmar, incluir, inconveniente, inercia, intelectual, italiano, matinée, medieval, noctámbulo, nocturno, original, producción, sorprendente, teatral, vanguardia, vigorosamente, vocación, vocacional

---
deceptive cognates

local — *place*
localidad — *seat (in a theater)*

---
new words

1 alquilar   No podemos comprar una casa, tendremos que alquilar un departamento.
2 estrella   ¡Mira todas las estrellas en el cielo! Julie Andrews es una estrella del cine.
3 sacudir (mover algo violentamente de una parte a otra)
4 sótano (la parte subterránea de un edificio)
5 sueco (que viene de Suecia)   Los suecos son gente nórdica.
6 vespertino (por la tarde)   La función vespertina empieza a las seis.
7 zarzuela (presentación teatral con canciones y bailes)

   1 to rent   2 star   3 to shake   4 basement   5 Swedish   6 late afternoon   7 musical comedy

---
related words

advenimiento (de venir) — *advent*
doblado (de doblar) — *dubbed (when talking about movies)*
esperanza (de esperar) — *hope*

sobrescrito (de sobre y de escrito) — *subtitles (on a foreign-language film)*
sudoeste (de sud y de oeste) — *southwest*
trasnoche (de tras y de noche) — *all-night*

---
expressions

a principios de — *at the beginning of*
cerca de — *near*

hacer cola — *to stand in line*
poner en escena — *to present (a play)*

El Teatro y el Cine

Si recordamos que el teatro medieval nació dentro de las iglesias, comprenderemos que en Latinoamérica, que es esencialmente católica, el teatro tuvo una enorme importancia. Los misioneros que vinieron en las expediciones colonizadoras usaron al teatro como medio de educar entreteniendo.

Como hemos dicho en un capítulo anterior, al español le gustaba todo lo que fuera espectáculo. Y las representaciones teatrales no sólo apasionaban a los españoles, sino también a los indios, ya que aztecas, mayas, e incas tenían un teatro bastante desarrollado.

Durante la época del descubrimiento, el español Juan de la Encina incluía canciones y bailes en sus dramas; fue el origen de la popular zarzuela de hoy. Este género sigue siendo bastante popular.

A principios del siglo actual, los teatros estaban siempre llenos de gente, que iba a ver las obras populares de entonces. Algunas eran obras españolas, mientras que otras trataban temas nacionales. La crisis económica del año treinta que devastó la economía también devastó las salas de los teatros. Este período duró cerca de quince años, hasta que los llamados "Teatros Experimentales o Vocacionales" sacudieron vigorosamente la inercia colectiva. Estos conjuntos estaban formados por jóvenes de intensa vocación artística que, venciendo muchos obstáculos, lograban poner en escena obras de gran valor, desdeñadas por los empresarios porque las consideraban "no comerciales." Las representaciones se hacían en casas particulares, en sótanos, o en pequeños locales que se alquilaban. Presentaban obras originales de tipo vanguardista, y también obras clásicas. Y un público ansioso de buen teatro comenzó a asistir a estos espectáculos.

Los conjuntos teatrales que tenían más éxito viajaban al interior del país, llevando la luz de su arte a los que no vivían en los centros urbanos.

En Chile y en el Río de la Plata, sobre todo, la efervescencia teatral hoy día es muy pujante. Hay una riqueza sorprendente de autores de vanguardia, y los teatros siempre están llenos de gente. En realidad, hay escasez de locales para la gran demanda de espectáculos que hay.

Los niños también tienen sus teatros. Hay compañías que se dedican exclusivamente a la puesta en escena de obras escritas para los más chicos. Por otra parte está el teatro representado por niños: no hay escuela primaria cuyos alumnos no representen sencillas comedias en las distintas fiestas.

Otra pasión en Latinoamérica es el cine, a pesar del advenimiento de la televisión. No sólo en los centros urbanos más cosmopolitas, sino también en los pequeños pueblos del interior, casi toda la gente va al cine. Los fines de semana es casi imposible encontrar localidad, y se hacen largas colas con la esperanza de poder entrar.

A las tres de la tarde comienzan las funciones a que generalmente van los niños, la matinée. Después sigue la función vespertina, una nocturna, y, para los noctámbulos, está el cine llamado de trasnoche. (Esto sólo en las grandes ciudades, pues en los pueblos muchas veces hay sólo una función por día, a la que tienen que asistir todos.)

También en los pueblitos remotos, basta que haya una pantalla y una proyectora, la gente—grandes y chicos—va a distraerse un rato. (Chile)

Casi ningún país tiene, como nosotros, el cine para los que están en auto. Esto se debe a que los jóvenes no tienen coches.

Los dos países que producen más películas son la Argentina y México. Sus producciones no se ven mucho en los Estados Unidos, excepto en Los Ángeles y el sudoeste, donde dan muchas películas mexicanas. Los artistas principales no son bien conocidos aquí. Una excepción es Cantinflas, gran cómico mexicano, que ha actuado en varias películas filmadas en Hollywood. Su más famosa fue *Around the World in Eighty Days.*

El cine sueco es enormemente gustado por la juventud intelectual, pero la mayoría de la gente prefiere las películas de los Estados Unidos, Italia, y Francia, a pesar del inconveniente de tener que leer el sobrescrito. (Muy pocas películas están dobladas al español.) Las estrellas norteamericanas, francesas, e italianas tienen mucha fama en Latinoamérica. Aprecian mucho a Richard Burton, Cary Grant, Liz Taylor, Anouk Aimée, Vittorio de Sica, Marcello Mastroianni, Omar Sharif, Melina Mercouri, Brigitte Bardot, y Gina Lollobrigida.

Aun en días de semana es imposible andar con comodidad por la calle Lavalle en Buenos Aires a la hora de salida de los cines. (Argentina)

116

A / Select the word which best completes each statement.

1. El teatro medieval europeo nació dentro de las _____.
   calles / casas / iglesias

2. Los misioneros _____ al teatro como medio de educar.
   usaron / rechazaron / mencionaron

3. Los indios _____ tenían un teatro.
   tampoco / no / también

4. La inclusión de canciones y bailes en _____ fue el origen de la zarzuela.
   el drama / la casa / las iglesias

5. Los "Teatros _____" empezaron en los cuarenta.
   del Gobierno / Libres / Experimentales

6. Los empresarios consideraban que muchas obras vanguardistas no eran "_____."
   inteligibles / comerciales / buenas

7. Para entrar en un sótano, uno tiene que _____.
   bajar / subir / ni bajar ni subir

8. El cine es _____ en Latinoamérica.
   nada / un aburrimiento / una pasión

9. El cine _____ es para los que no duermen de noche.
   vespertino / de trasnoche / para los que están en coche

10. Cantinflas es un actor _____.
    italiano / mexicano / argentino

B / Use each of the following expressions, taken from Chapters 15–19, in an original Spanish sentence.

1. día feriado
2. al aire libre
3. hacer cola
4. por ciento
5. a la redonda
6. hacer un viaje
7. en vez de
8. poner en escena
9. de repente
10. a principios de

C / Discuss the following questions.

1. ¿Qué tipo de película le gusta más? ¿Por qué? ¿Qué tipo le gusta menos? ¿Por qué?
2. ¿Cuál debe ser el propósito del cine, educar o entretener? ¿Puede hacer los dos? ¿Cómo?
3. ¿Cuáles son las mejores películas que Vd. ha visto este año? ¿En toda la vida? Para Vd, ¿quiénes son los mejores actores?
4. Las películas del extranjero, ¿generalmente son mejores o peores que las de Hollywood? ¿Por qué? ¿Cuáles son algunas buenas películas extranjeras que Vd. ha visto recientemente?
5. Recientemente hemos visto películas con gente desnuda. ¿Es bueno o malo esto? ¿Cómo? ¿Por qué? ¿Es buen o mal gusto poner a una persona desnuda en la escena? ¿Por qué?

20 ESCULTURA

Los escultores modernos siguen tallando la piedra, pero con una concepción moderna de los volúmenes. (México)

cognates

abundancia, academia, antropología, antropomórfico, aplicar, artefacto, artesanía, artífice, barroco, cerámica, colaborar, colección, columna, concepción, conciencia, creación, directiva, disposición, divulgado, emocional, erótico, escultor, excavación, finalidad, garantizar, gigantesco, Grecia, imaginativo, impulsar, incomprehensible, inspiración, interpretar, jesuita, majestuosidad, manifestar, mártir, misterioso, mito, modelo, neoclásico, ornamentación, plástico, policromado, profano, púlpito, realismo, reproducir, resistencia, saquear, simbólico, supersticioso, técnica

deceptive cognate

actualmente — *at the present time*

new words

1 crear (hacer creación)   Ella ha creado una forma nueva de arte.
2 desnudo (que no lleva ropa)   En la zarzuela "Hair," todos los actores están desnudos.
3 fundir (liquidar los metales)   Los conquistadores fundieron muchas estatuas de oro.
4 imperar (mandar, dominar)   El estilo clásico impera en su arte.
5 máscara (disfraz)   Llevaba una máscara fea durante el carnaval.
6 moneda   ¿Tienes una moneda de diez centavos?
7 ofrenda (lo que se ofrece)   Lo hizo como ofrenda a Dios.
8 talla (obra de escultura, especialmente de madera)
9 vasija (pieza para contener líquidos o comida)
10 zoomórfico (que tiene forma de animal)

   1 to create   3 to melt down   5 mask   7 offering   9 vessel
   2 nude   4 to rule, to dominate   6 coin   8 carving   10 zoomorphic

related words

embellecer (de bello) — *to beautify*
esculpir (de escultor) — *to sculpt*
escultórico (de escultor) — *pertaining to sculpture*
escultura (de esculpir) — *sculpture*
florecer (de flor) — *to flower, to flourish*
imaginero (de imagen) — *maker of images*
madreperla (de madre y de perla) — *mother-of-pearl*

medida (de medir) — *measure*
proveer (de ver) — *to provide*
provenir (de venir) — *to come from*
recargado (de cargar) — *overdone*
recubierto (de cubrir) — *recovered, covered again*
reflorecer (de flor) — *to flourish again*

expression

bellas artes — *the fine arts*

Cuando los españoles llegaron a tierras americanas, se encontraron con las notables culturas de los aztecas, mayas, e incas. En el período precolombino, había florecido en América una escultura de tamaño pequeño: la cerámica. Se ha encontrado gran cantidad de vasijas, urnas, y máscaras que reproducen seres humanos desnudos (algunos francamente eróticos) o animales que manifiestan el realismo de aquellos primitivos artistas.

La cerámica es la más antigua de las manifestaciones plásticas, y la más divulgada. En toda Latinoamérica, en los grupos más antiguos se encuentran las vasijas decoradas con representaciones antropo- o zoomórficas. Pero todas estas imágenes profanas desaparecieron cuando surgieron las grandes civilizaciones. Nació una nueva actitud artística: la creación de formas simbólicas.

En la Grecia clásica, el hombre era la medida de todas las cosas: los dioses tenían figura humana. En las grandes culturas americanas precolombinas, en cambio, el mito era la medida de todas las cosas, y el hombre no tenía importancia. Los indios fueron gente imaginativa y supersticiosa, y tenían una complicada religión. Sus dioses fueron innumerables, y para cada uno habia ofrendas, ídolos, templos. El objeto de su arte fue interpretar ese mundo misterioso e incomprensible de los dioses. Crearon imágenes gigantescas, para que produjeran terror religioso en la gente. El mismo material que trabajaban—la piedra—colaboraba en esa concepción plástica especial.

Los incas, sobre todo, fueron maravillosos artífices del oro y la plata, que tenían en abundancia. También esculpían la madera y la embellecían aplicándole oro, plata, madreperla, o pintándola. Los hombres de Pizarro no sólo se llevaron todo el oro del Inca, sino que también saquearon los templos y fundieron los metales preciosos. Se perdió así esa magnífica artesanía para siempre.

Escultura

Casi todos los países latinoamericanos han establecido museos para las piezas de arte que encuentran en las excavaciones. En México es interesantísimo el Museo de Antropología, que tiene muchas estatuas de tamaño muy grande, y también artefactos muy pequeños. Colombia ha establecido el Museo del Oro, que es una colección de todas las piezas artísticas de oro que se han descubierto. Estas piezas, además de tener mucho valor artístico, también sirven para garantizar la moneda del país.

En la época de la colonización, imperaba en España el estilo barroco, que pasó a América con toda su ornamentación recargada. Esta moda estaba de acuerdo, en cierta manera, con la disposición artística de los indios. Cambiaron los modelos y la finalidad, pero la técnica continuó.

Actualmente, en las iglesias que quedan de la época colonial, se pueden admirar las tallas en madera recubiertas de oro o policromadas, de imágenes, púlpitos, puertas, y columnas que realizaron escultores

Bajo la dirección de los jesuitas, los indios tallaron en madera figuras pertenecientes al cristianismo, que luego policromaban. Esta figura se lleva el dedo a los labios, para indicar la ley de silencio en la casa de Dios. (Colombia)

nativos, bajo la dirección, generalmente, de los jesuitas. Hubo grandes centros, como Cuzco y Quito, en que había verdaderas "escuelas de imagineros" que proveían de material esculpido a las numerosas iglesias que empezaron a construirse por toda Hispanoamérica.

El grito de Independencia cerró el período colonial. Las conciencias sufrieron un fuerte choque emocional; se produjo una crisis en el arte escultórico, y casi desapareció.

A fines del siglo pasado, reflorece nuevamente, pero las directivas ya no provienen de España, sino de Francia. No obstante, al surgir las Academias de Bellas Artes en cada país, éstas tratan de impulsar un arte nacional. Se busca inspiración en el pasado americano, aunque la técnica es neoclásica. Surgen estatuas a los mártires de la resistencia india, y a los héroes de la Independencia.

Al que visita Latinoamérica le asombra la gran cantidad de estatuas que se ven tanto en las grandes ciudades como en los pueblos pequeños. En los paseos públicos y en las plazas, pero también en la inmensa majestuosidad de los Andes, se pueden admirar estatuas, monumentos, grupos escultóricos de los mejores artistas latinoamericanos.

Pequeña talla en piedra, de la época precolombina. Es un guerrero indio de pie, quizá esperando una batalla. (México)

La piedra era el material principalmente usado para muchas tallas. Ésta es de una cabeza humana. (Puerto Rico)

A / All of the following statements are false. Please rewrite them so that they are true.

1. La escultura del período precolombino era de tamaño grande.
2. Los indios nunca reprodujeron a seres humanos desnudos en su escultura.
3. La pintura es la más antigua de las artes plásticas.
4. En la Grecia clásica, la religión y el mito eran la medida de todas las cosas.
5. El objeto del arte de los indios era interpretar el mundo religioso del gobierno.
6. Los conquistadores respetaron el arte de los incas.
7. El Museo del Oro de Colombia es una colección de cerámicas.
8. El estilo barroco es simple, sin ornamentación.
9. Una imagen policromada es de un solo color.
10. No se pueden encontrar estatuas de los héroes de la Independencia.

B / Write definitions in Spanish of the following words you learned in this chapter.

1 crear	3 máscara	5 zoomórfico	7 escultura	9 madreperla
2 desnudo	4 moneda	6 antropomórfico	8 talla	10 reflorecer

123

21 PINTURA

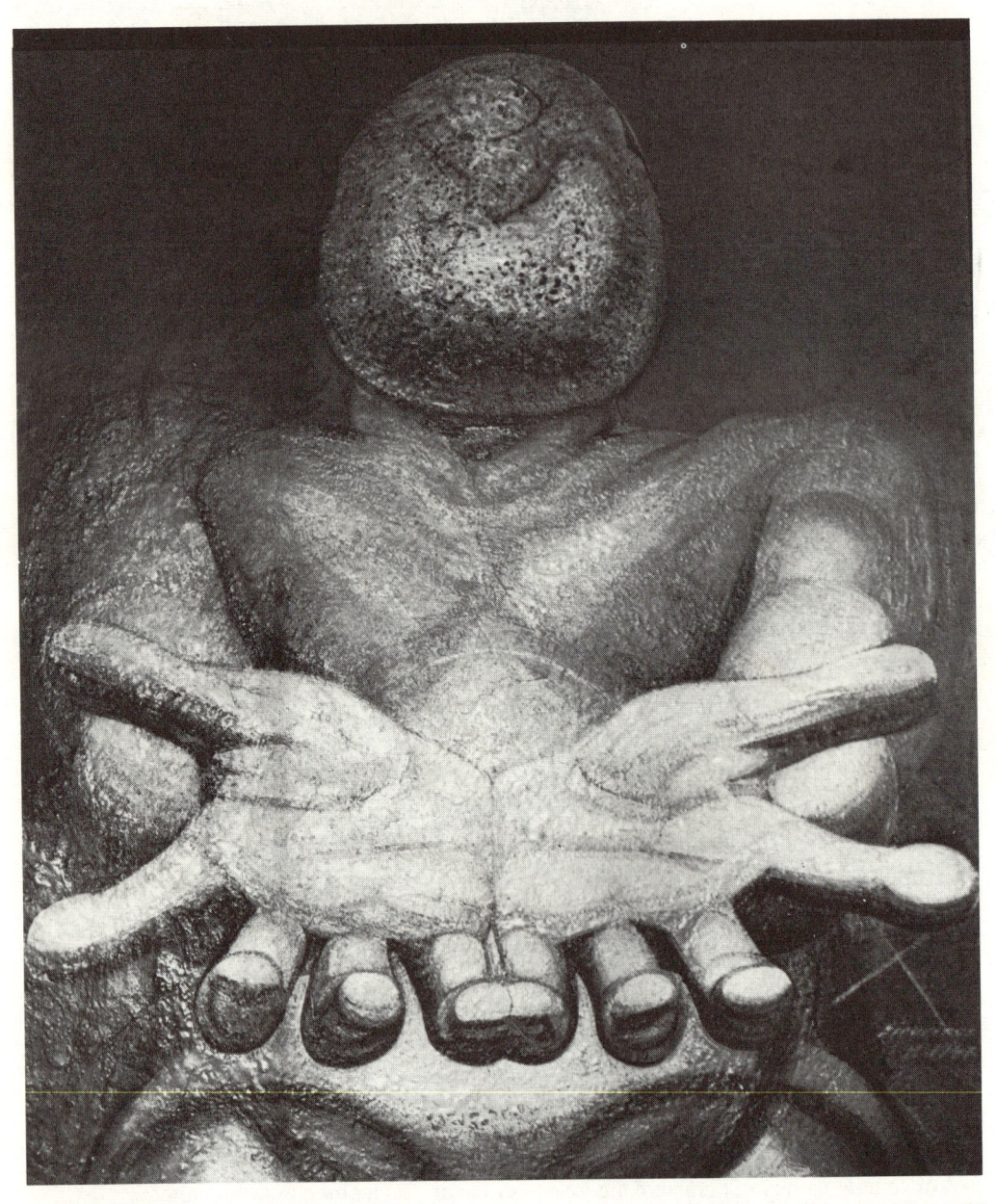

"Nuestra Imagen Actual." Cargado de dramático mensaje, este cuadro da la íntima visión que Alfaro Siqueiros tiene de la gente. (México)

cognates

capitalista, caricaturizar, colonizar, comunista, cortesano, déspota, envidiar, esplendor, estético, exaltación, heroico, impregnación, inspirar, magistral, manifiesto, masa, mineral, misticismo, molestar, neoclasicismo, orientación, ostentar, palacio, patriótico, personaje, publicar, regionalismo, sútil

new words

1 apuntar (señalar, llamar atención a)
2 destacar (sobresalir, ser excelente en un aspecto) Ese alumno se destaca en su dedicación a los estudios.
3 esconder (contrario de encontrar) La chica ha escondido su dinero para que su hermanito no lo encuentre.
4 grabador (persona que escribe en piedra o metal)
5 liso (completamente uniforme, sin variación) La pizarra es lisa.
6 matiz (combinación de colores) Ese pintor usa un matiz especial del rojo.
7 pincel (el instrumento con que se pinta) El pintor tiene muchos pinceles.
8 pintor (persona que pinta, artista)
9 saltar Aquí hay un pequeño obstáculo que tendremos que saltar. El hombre saltó del avión.
10 sumar Sí, yo puedo sumar: dos más dos son cuatro.
11 superficie La superficie de esa mesa es de plástico.
12 tinta (color, líquido que se usa para escribir)

1 to point out	3 to hide	5 smooth	7 paint brush	9 to jump	11 surface
2 to stand out	4 engraver	6 shade (of color)	8 painter	10 to add	12 color, tint, ink

related words

alejar (de lejos) — *to move away from*
ciudadano (de ciudad) — *citizen*
contenido (de con y de tener) — *content*
creador (de crear) — *creator*
llegada (de llegar) — *arrival*
muralismo (de muro) — *the painting of murals*
muralista (de muro) — *muralist, the painter of murals*
naciente (de nacer) — *growing, very recent*
paisaje (de país) — *countryside, landscape*
pensamiento (de pensar) — *thought*
pintura (de pintar) — *a painting, painting (in general)*
renacentista (de nacer) — *of the Renaissance*
renacimiento (de nacer) — *rebirth, Renaissance*
retratar (de retrato) — *to paint a portrait*
señorial (de señor) — *lordly*

expression

en cuanto a — *as far as . . . is concerned.*

Pintura

La cultura india de las Américas no tuvo nada que envidiar a las culturas del mundo conocido en cuanto a la pintura. Los aztecas, mayas e incas no sólo tenían pintados los muros de sus templos y palacios, sino también las esculturas, cerámicas y telas.

Obtenían las tintas de plantas y minerales y las mezclaban para conseguir delicados matices. La llegada de los españoles cambió los temas y la orientación, pero la técnica indígena continuó.

En momentos en que los españoles colonizaban el Nuevo Mundo, el Renacimiento estaba en todo su esplendor. A las ciudades nacientes llegaban artistas españoles que traían el fuego renacentista en sus pinceles. Levantaban iglesias, palacios para los virreyes y sus cortesanos, y casas señoriales. Para las primeras pintaban imágenes y escenas religiosas; para las últimas, retratos de los personajes que estaban formando la historia del Nuevo Mundo.

Quito y Cuzco, que eran centros de escultura durante el período colonial, fueron también centros de pintura. Se copió a los famosos pintores de Europa, pero se puede ver la sutil impregnación indígena que da un matiz especial a toda la producción de la época.

Durante la época colonial el inmenso sur del continente quedó fuera de esta actividad artística, lo cual es un hecho interesante en la historia del arte. Los artistas del norte continuaron con su tradición indígena, que sigue aún hasta hoy. Los del sur no surgieron hasta el período del neoclasicismo, y bebieron en las fuentes europeas.

En la época de la Independencia, toda Latinoamérica se rebeló contra España, y esto es muy evidente en la pintura. Saltaron del misticismo español a la exaltación patriótica. Pintaron a los grandes jefes revolucionarios, las hazañas heroicas de los ejércitos, y el paisaje y los personajes típicos de cada nación nueva. Toda Latinoamérica comenzó a tener sus escuelas de Bellas Artes, y a destacarse los pintores y grabadores de cada uno de los países. Pero, lo que más merece apuntarse, dentro de este campo de la pintura, es el fenómeno que se produjo en México al nacer este siglo.

Una vez acabada la Revolución mexicana, el gobierno pidió a los pintores locales que decoraran ciertos edificios públicos. En la Academia de San Carlos se había formado un grupo de pintores que dio origen al movimiento del muralismo. Todos ellos tenían un mensaje para los ciudadanos de su patria, y las grandes paredes les ofrecieron sus lisas superficies para que lo escribieran.

Los pintores sabían que desde el tiempo de sus antiguos reyes indios, el pueblo analfabeto de México comprendía el mensaje de la forma y el color. Entonces, les hablaron a las masas con su idioma plástico, y nació el muralismo.

Los creadores de esta nueva forma de expresión fueron Diego Rivera, Orozco, y Alfaro Siqueiros; a ellos muy pronto se sumaron más. Orozco tiene el mismo pensamiento de Rivera, pero su arte no caricaturiza tanto. Alfaro Siqueiros es el más violento de todos ellos.

El muralista de más fama es, sin duda, Diego Rivera. Toma el tema de sus murales

"Rear Guard." Litografía de José Orozco, expuesta en el Museo de Arte Moderno de Nueva York. (México)

de la vida política, económica, y social de México. En sus enormes murales de la historia de México, se ven retratados todos los humildes de México como víctimas de los déspotas, que son los españoles, los capitalistas, y la Iglesia Católica. (Rivera es comunista, y no lo esconde en su arte.)

En 1933 Rivera pintó su mural "Historia de América" en el Rockefeller Center de Nueva York. Su contenido social molestó a los norteamericanos, y lo destruyeron. Pero Detroit y California ostentan algunos de sus magistrales murales.

El manifiesto que publicaron estos muralistas decía que querían un arte público, humano y universal, inspirado en las culturas precolombinas. En nuestros días, por el contrario, los jóvenes pintores vanguardistas de todos los países latinoamericanos se alejan de todo regionalismo para expresar un arte que sea comprendido por todos.

La América latina, unida ahora en una misma expresión estética, envía el mensaje de hermandad, que otros artistas—con otro lenguaje—ya habían comenzado a enviar al resto de las naciones del mundo.

"Fruits of Labor." Una litografía de Diego Rivera, "Frutos del trabajo," en que alude al alimento del cuerpo y del espíritu. (México)

A / Tell if the following sentences are true or false.

1. Las culturas precolombinas no tenían pintura. *Mentira*
2. Los indios obtenían tintas de plantas y minerales. *Verdad*
3. El Renacimiento empezó dos siglos antes del Descubrimiento. *Mentira*
4. Durante el período colonial había muchísima pintura en el sur del continente. *Verdad*
5. Después de la Independencia, la orientación de la pintura es nacionalista. *Verdad*
6. Un grupo de pintores mexicanos empezó el movimiento del muralismo. *Verdad*
7. Los muralistas tenían un mensaje sociopolítico para sus compatriotas. *Mentira*
8. El muralista de más fama es David Alfaro Siqueiros. *Mentira*
9. Diego Rivera pinta la explotación de la gente mexicana. *Verdad*
10. Los jóvenes pintores vanguardistas siguen con una orientación nacionalista. *Mentira*

B / Change the following sentences from past tense to future tense. (Watch for subjunctive.)

1. Lo hice cuando vino ella.
2. Lo pintó tan pronto como vio el muro.
3. Aunque llovía fuimos al cine.
4. Lo pintó para que las masas entendieran.
5. Lo vio antes que ella lo viera.
6. Después que llegó fuimos al museo para ver las pinturas.
7. Ella lo hizo sin que yo lo supiera.
8. Te lo dije para que lo hicieras.
9. Me dio cinco dólares, de manera que compré un libro nuevo.
10. Vimos las pinturas en cuanto llegó María.

C / Discuss the following questions.

1. ¿Le gusta la pintura? ¿Qué tipo? ¿Por qué?
2. "Diego Rivera es comunista y no lo esconde en su arte." ¿Debe el artista usar su arte en una manera política? ¿Debe el arte ser solamente belleza, o debe tener un "mensaje" sociopolítico?
3. ¿Es necesario que el arte sea de lo bonito, o puede ser de cosas feas y horribles, también? ¿Por qué?

22 MÚSICA Y BAILE

La pobreza se olvida cuando se tiene una quena entre los labios, y un arpa y un violín acompañan la nostalgia del indio peruano. (Perú)

cognates

arpa, ballet, brasileño, célebre, clasificar, complejidad, composición, contraposición, convulsionar, crítico, crónica, definitivamente, escenografía, fascinar, folklore, folklórico, guitarra, guitarrista, hábil, habituar, ilimitado, inexplorado, inmoral, matemático, melodía, melódico, melodioso, musical, notablemente, ópera, percibir, percusión, rítmicamente, ritmo, salón, sensual, suburbio, testimonio, trompeta

deceptive cognate

restar — *to remain*

new words

1. caja   Aquí tienes una caja de dulces. La caja está vacía.
2. caña   Esa flauta es de caña. En esa plantación hay mucha caña de azúcar.
3. caracol (animalito que se encuentra en los jardines)   Los franceses a veces comen los caracoles.
4. estrenar (presentar por primera vez)
5. exvoto (ofrenda)   Lo presentaron como exvoto a Dios.
6. fastuosidad (ostentación)   Bailaron con fastuosidad.
7. flauta (instrumento musical que da música muy suave)
8. fraile (monje)   Los frailes franciscanos tienen un convento en esa ciudad.
9. hueso (parte del esqueleto)   A mi perro le gusta comer un hueso.
10. mostrar (enseñar)   Venga aquí, quiero mostrarle mi nuevo libro.
11. pito (flauta pequeña)   El referee usa un pito para llamar atención.
12. son   Lo que Vd. oye es el son de una flauta. ¿No le gusta el son de su voz?

1 box	3 snail	5 offering	7 flute	9 bone	11 whistle, pipe
2 cane, pipe	4 to premiere	6 ostentation, pomp	8 monk, friar	10 to show	12 sound

related words

asombro (de asombrar) — *surprise*
atraer (de traer) — *to attract*
bailarín (de bailar) — *dancer*
caparazón (de capa) — *shell of the armadillo*
compositor (de componer) — *composer*
conmover (de mover) — *to move (emotionally)*
crecimiento (de crecer) — *growth*

desarrollo (de desarrollar) — *development*
guerrero (de guerra) — *pertaining to war*
madurez (de maduro) — *maturity*
muestra (de mostrar) — *sign*
sabor (de saber) — *taste*
trasladar (de tras y de lado) — *to move (from one place to another)*
variado (de variar) — *varied*

Música y Baile

Son numerosos los escritores de la época del Descubrimiento que dejaron el testimonio de su asombro ante la variedad de bailes, la complejidad de los ritmos, y la fastuosidad de los bailes indígenas. Evidentemente la música civil, como la guerrera y la religiosa, estaba en un alto grado de desarrollo cuando llegaron los españoles.

En los bailes tomaba parte casi toda la población. Eran grandes conjuntos que se movían rítmicamente y con precisión matemática. Casi todos estos bailes se han perdido. En algunas poblaciones indígenas muy alejadas de los centros de civilización, ha quedado algo, pero de todos modos con manifiesta influencia europea.

Como los indios estaban habituados a bailar en sus templos, los frailes, para que continuaran con su tradición, adaptaron estos bailes y los ofrecían a la Virgen como exvotos.

Los jesuitas, que comprendieron la importancia de la música para un pueblo que la amaba, la empleaban como medio de atraer a la gente. San Ignacio de Loyola recorría con su canoa los ríos Paraná y Paraguay cantando dulces canciones. Se dice que los indios en las orillas lo seguían fascinados.

En contraposición a los instrumentos musicales de los españoles, que eran de cuerda (la guitarra), o a los de los negros, que eran de percusión (el tambor), los de los indios eran de viento. Eran flautas o pitos hechos de hueso o caña, trompetas con caracoles, etcétera.

También se adaptaron los instrumentos. En las crónicas de Concolorcorvo, dice que en la zona del Río de la Plata había unos mozos que tocaban unas "guitarritas." Éstas eran la adaptación de la guitarra española: la caja estaba hecha con el caparazón del peludo, animalito que abunda en la región. Los gauchos fueron hábiles guitarristas. En el Paraguay, en cambio, la dulce y melodiosa música se acompaña con el arpa guaraní, adaptación de la europea.

Con el correr del tiempo, en lo popular fue naciendo una música variadísima debido a la mezcla de tantos ritmos nuevos. En ellos se percibe la influencia de los sones africanos: congas, habaneras, candombes. Y también el tango, como baile del suburbio, sensual, melódico, que terminaría ganando los salones y extendiéndose a casi todo el mundo.

En la música clásica, en cambio, casi todo fue europeo. Sin embargo, el compositor brasileño Villa-Lobos ha escrito música que se considera clásica, usando temas nacionales del Brasil.

La Revolución mexicana produjo en el campo de la música y del baile lo mismo que en la pintura: una intensa expresión nacionalista. Todos los artistas buscaban inspiración en el folklore. En 1939 se trasladaron a México dos célebres bailarinas extranjeras que comprendieron las posibilidades enormes que ofrecía ese país en su casi inexplorado campo del baile. Comenzaron a preparar programas con música esencialmente mexicana. Su Ballet de la Ciudad de México incluyó también escenografías del pintor Orozco. Hoy día es famosísimo el Ballet Folklórico de México, que presenta un programa impresionante de bailes folklóricos de ese país, y que ha viajado por todo el mundo.

Mientras en el norte se destacó el baile, en el sur era la ópera. Numerosas composiciones de autores argentinos, en las que se

"¿Por qué no vamos a bailar nosotros también?" dijeron los viejos mexicanos, y desde remotos tiempos en México está el "Baile de los Viejos" que bailan jóvenes con máscaras.

percibe el sabor de las melodías indígenas, se han estrenado con éxito en el extranjero.

Hace unos años la ópera *Bomarzo*, que el compositor argentino Ginastera escribió, se estrenó en Washington con gran éxito de público y crítica. Esto conmovió notablemente la opinión pública, ya que *Bomarzo* fue prohibida en Argentina por el gobierno militar, que la clasificó de "inmoral."

Latinoamérica es una tierra joven, su tesoro cultural es enorme, sus posibilidades ilimitadas, pero todavía la convulsiona la crisis de crecimiento. El arte es la manifestación del esplendor de la madurez de los pueblos. Hasta ahora, la América española ha dado muestras de lo que puede. Resta esperar que muestre *todo* lo que puede.

Los indios yaquis tenían su Baile del Venado. El Ballet Folklórico de México ha adaptado los bailes tradicionales y los presenta por todo el mundo. (México)

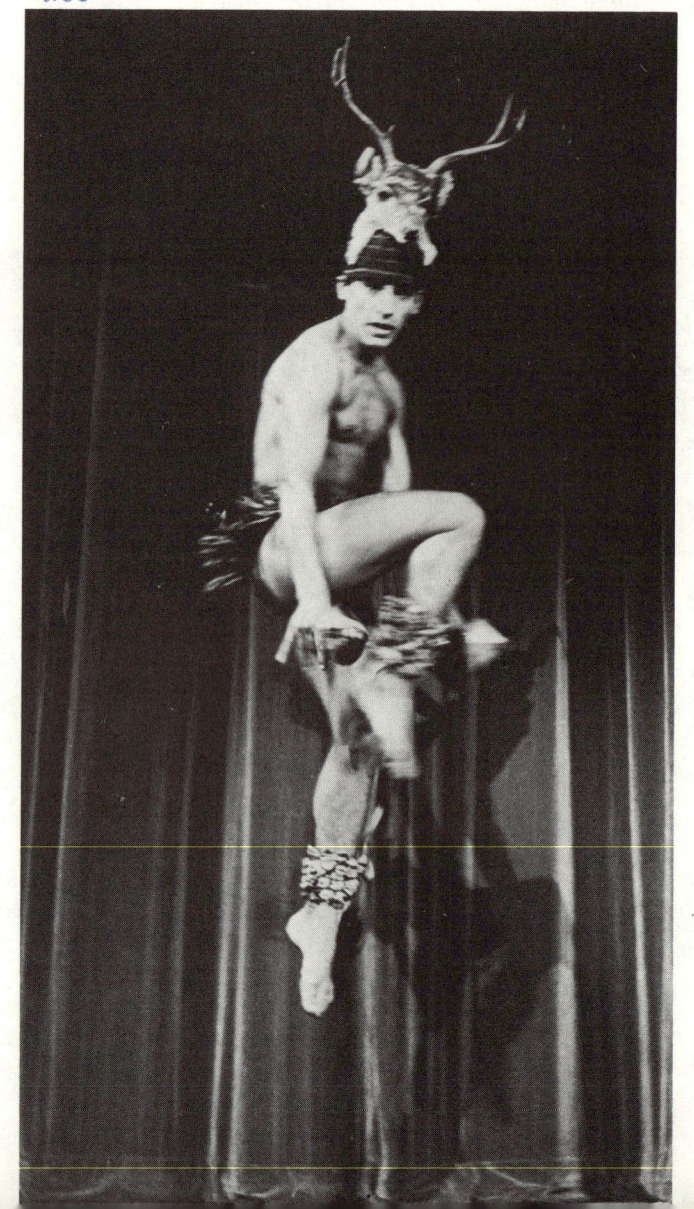

A / Answer the following questions.

1. ¿Cómo eran los bailes de los indios?
2. ¿Quédan hoy día bailes de la época precolombina?
3. ¿Qué tipo de instrumentos usaban los españoles? *de cuerda (la guitarra)*
4. ¿Qué tipo de instrumentos usaban los indios? *de viento*
5. ¿Qué tipo de instrumentos usaban los negros? *percusión*
6. ¿Cómo empleaban la música los misioneros? *(other page)*
7. ¿Qué influencia se nota en bailes y ritmos como la conga y el tango? *sones africanos*
8. ¿Qué es el Ballet Folklórico de México?
9. ¿Qué forma musical se destaca en el sur del continente? *ópera*
10. ¿Por qué fue prohibida *Bomarzo* en la Argentina? *la militaria clasificó inmoral*

B / Use the following new words to complete the sentences.

son (sound) · pito (whistle) · fraile (monk) · flauta (flute) · sabor (taste) · caracol (snail) · caña (cane) · bailarín (dancer) · tañer · estrenar (premiere)

1. De todos los instrumentos, me gusta más la _flauta_.
2. Anoche _estrenaron_ la nueva película de Peter O'Toole.
3. No me gusta el _son_ de la trompeta.
4. Paul Simon _tañía_ la guitarra mientras Art Garfunkel cantaba.
5. El hermano José es un _fraile_ en ese convento.
6. El azúcar viene de _caña_.
7. El policía usa un _pito_ pequeño para controlar el tránsito.
8. En nuestro jardín hay muchos _caracoles_ que comen las plantas.
9. Rudolf Nureyev es un _bailarín_ famoso.
10. Me gusta mucho el _sabor_ de carne asada.

C / Write a short composition in Spanish on one of the following topics.

1. El efecto de la música en el hombre.
2. Las diferencias entre la música clásica y la popular.
3. Las emociones de uno cuando baila.

23 LITERATURA

Esta librería en Santiago se llama, "La casa de la buena literatura." Los libros en los países hispanoamericanos por lo común cuestan menos que en los Estados Unidos. Este joven se pregunta si debe comprar un diccionario inglés-español. (Chile)

Octavio Paz es más conocido como poeta, aunque es también ensayista. Más joven que Pablo Neruda, su manera de utilizar las imágenes es muy imaginativa. (México)

cognates

agonía, analizar, auténtico, captar, caracterizar, compatriota, comunismo, contemporáneo, doctrina, esencia, experimentar, feudal, filosófico, hermético, iberoamericano, inauténtico, innovador, introvertido, laberinto, literario, mágico, metáfora, narrativa, novela, panorámico, plano, propaganda, proyectar, psicoanalítico, romántico, rural, símbolo, síntesis, subconciente, surrealista, universalidad, violencia

new words

1 cuento (relación de un hecho; forma literaria) Ese cuento es interesante. Prefiero leer cuentos en vez de novelas.
2 culpa (falta) Tú tienes la culpa de eso.
3 enfocar La foto no salió bien porque no enfoqué bien la cámara.
4 ensayo (forma literaria) En la clase de historia tenemos que escribir un ensayo sobre las causas de la revolución norteamericana.
5 intentar (tratar)
6 netamente (puramente, con distinción)
7 radiografía (uso de los rayos X)

1 story, short story 2 fault, blame 3 to focus 4 essay 5 to attempt 6 purely, distinctively 7 radiography, X-rays

related words

amor (de amar) — *to love*
criollismo (de criollo) — *a literary current studying the* criollos
enfoque (de enfocar) — *focus*
ensayista (de ensayo) — *essayist*
pérdida (de perder) — *loss*
sobresaliente (de sobre y de salir) — *outstanding*

expressions

a comienzos de — *at the beginning of*
a fondo — *in depth*
a la zaga de — *behind*
punto de vista — *point of view*

Como no es posible dar en un capítulo una síntesis de la historia de la literatura iberoamericana, mostraremos solamente algunos aspectos de la misma en nuestros días.

La literatura de estas tierras estuvo siempre a la zaga de la europea; su primer modelo fue España, luego Francia. Poco a poco la literatura de este continente buscó inspiración en su propio suelo y pueblo.

Cada literatura, cada autor busca y escribe su "realidad." A comienzos de este siglo, esta "realidad" tenía una inspiración nacionalista que se manifestó en el "criollismo." Durante muchos años, las obras literarias tuvieron este enfoque nacional, local. Los autores contemporáneos, en cambio, buscan una realidad más universal. Esto podrá verse aquí al hablar de tres formas literarias: el ensayo, la novela, y la poesía.

El argentino Ezequiel Martínez Estrada es un buen ejemplo del ensayista actual. Uno de sus principales libros es *Radiografía de la pampa*. Usa la metáfora de la radiografía para tratar de ver debajo de la superficie del argentino, el carácter auténtico de sus compatriotas.

El mexicano Octavio Paz, que escribió *Laberinto de la soledad*, trata de penetrar el carácter nacional mexicano. Con el punto de vista psicoanalítico de Jung y con énfasis en los mitos, analiza al mexicano. Lo ve como un ser hermético, retirado del mundo. En sus relaciones sociales, el mexicano parece extrovertido. Sin embargo, dice Paz, es una máscara; el mexicano en la superficie es un ser inauténtico. Según Paz, el ser auténtico mexicano tiene expresión sólo en momentos de violencia. Las fiestas y las revoluciones son ejemplos del estallido de esta violencia. Luego, el mexicano vuelve a ser otra vez el introvertido que lleva máscara de extrovertido.

Un ejemplo de "criollismo" en la novela chilena es Eduardo Barrios. En *Gran señor y rajadiablos,* trata de captar la esencia del patrón chileno, que llevaba una existencia feudal. La novela es panorámica y examina la historia del Chile rural desde los comienzos hasta la época moderna. La realidad del autor es netamente chilena, más que universal.

Literatura

(Es de notar que cada país tiene novelas de este tipo, en las cuales el "color local" se destaca más que los elementos universales.)

El escritor argentino Jorge Luis Borges representa la narrativa "universal." Es el innovador del movimiento que deja los temas locales para examinar a fondo lo universal. Trata los problemas de la creación artística tanto como los filosóficos. En sus cuentos le gusta experimentar con el tiempo y el sentido del tiempo, y con los problemas de la culpa humana. El movimiento de Borges puede llamarse "realismo mágico." La metáfora más común que usa es la del laberinto. Borges ve este mundo como un laberinto del que el ser humano intenta escapar, pero en que tiene que existir.

La poesía probablemente ha sido el género más sobresaliente de la literatura latinoamericana. Hay tanta variedad que es difícil clasificarla. El poeta chileno Pablo Neruda probablemente es el máximo representante de la poesía contemporánea en lengua española.

Como muchos poetas, Neruda muestra diferentes "períodos," que reflejan su crecimiento artístico, y también el mundo literario en que vive. El primero es romántico: sus temas son el amor y la pérdida del amor. De ese período, pasa a una época surrealista. Canta la agonía de su propia existencia y la de todos los seres

Jorge Luis Borges (izquierda) se considera el mejor cuentista de Sudamérica. Le han propuesto para el Premio Nobel varias veces, pero todavía no lo ha ganado. (Argentina)

Julio Cortázar (derecha) es un novelista y cuentista argentino que muestra la influencia de su compatriota Borges. Aunque es menos intelectual que Borges, es uno de los mejores novelistas de hoy. Su cuento, "Las babas del diablo" sirvió de base para la película "Blow-Up." (Argentina)

humanos. El tema central durante este período es la muerte. Busca el símbolo y la metáfora en el subconciente.

El tercer período de Neruda se caracteriza por el comunismo. Su poesía es propaganda de esta doctrina. En su último, y más importante, período, se ve como el poeta épico de Hispanoamérica. En su poesía trata de captar el espíritu de la tierra americana: su geografía, su vida, su pueblo.

Los latinoamericanos primero copiaron, luego se buscaron en sí mismos, y hoy, por fin, se proyectan hacia los planos de la universalidad. Enfocadas las cosas así, esto explica el éxito que en los últimos años ha alcanzado el ensayo, la novela, y la poesía de la mayoría de los pueblos latinoamericanos.

Pablo Neruda, poeta chileno. Neruda ganó el Premio Nobel para la literatura en 1971. (Chile)

Miguel Ángel Asturias, novelista de Guatemala, ganó el Premio Nobel para la literatura en 1967. Su mejor novela es *El Señor Presidente,* que es un estudio surrealista del terror que vive la gente en una dictadura latinoamericana. (Guatemala)

A / Choose the alternate which best completes each statement.

1 / La literatura latinoamericana siempre estuvo _____.
a más avanzada que la europea
b a la par con la europea
c menos desarrollada que la europea

2 / La "realidad" literaria _____.
a de cada autor es diferente
b es siempre la misma
c nunca cambia

3 / El "criollismo" es un movimiento _____.
a nacionalista
b internacionalista
c universal

4 / Martínez Estrada emplea la metáfora _____.
a del laberinto
b del subconciente
c de la radiografía

5 / Según Octavio Paz, el mexicano es verdaderamente _____.
a extrovertido
b introvertido
c heroico

6 / Es evidente que Martínez Estrada y Octavio Paz _____.
a describen lo que ven
b tratan de pintar con palabras
c penetran en la mente de sus compatriotas

7 / En la novela "criollista," lo que predomina es _____.
a lo universal
b lo local
c lo político

8 / El argentino Jorge Luis Borges escribe _____.
a cuentos
b novelas
c poesías

9 / Borges ve el mundo como _____.
a nada más que tiempo
b una fiesta de máscara
c un laberinto

10 / Pablo Neruda es _____.
a novelista
b poeta
c ensayista

B / Combine two sentences into one. An example is given.

0 María es la chica. Fui al cine con la chica. (*María es la chica con quien fui al cine.*)
1 Te hablan de la novela. *Los de abajo* es la novela.
2 Leí un cuento. Borges escribió el cuento.
3 Viven en una casa. La casa está cerca del museo.
4 Juan y Pablo son amigos. Compré esta novela para los amigos.
5 El vio a la muchacha. Elena es la muchacha.

141

24 AGRICULTURA

El tiempo no ha pasado para estos campesinos de Bolivia. Siguen usando el arado de mano de sus antecesores. (Bolivia)

cognates

agrario, agricultor, amenazar, anónimo, área, aumentar, avance, cacao, calidad, canal, contemplar, cultivar, cultivo, deforestación, distribución, distribuir, diversificar, divulgar, existente, experimentación, explotador, favorecer, fertilidad, fruta, fundamento, habitar, hidráulico, incorporar, incrementar, indispensable, industrializar, injusto, inundación, mecanizar, menú, método, monocultivo, monocultura, necesidad, persistente, planificar, posterior, precisamente, prosperar, reforestar, rendimiento, resistente, serio, solucionar, terraza, tomate, utensilio, vía

new words

1. bosque   (conjunto de árboles, selva)
2. caudal   (valor)   El caudal de nuestra producción ha aumentado.
3. cosecha   (recogida de los productos maduros)   La cosecha de maíz ha sido buena este año.
4. despojo   (privación, acto de desnudar)   El despojo del bosque ha sido terrible.
5. evitar   (huir de daño o peligro)   Tratamos de evitar el peligro de hablar demasiado.
6. finca   (rancho)
7. granja   (hacienda de campo)
8. lema   (tema, mote, dicho)   El lema de nuestro equipo es "do or die."
9. maní   (cacahuete)   Cuando fuimos al zoológico, dimos maníes a los elefantes.
10. represa   (construcción que detiene el agua)   Hoover es una de las represas más grandes del mundo.
11. sembrado   (tierra plantada)   Allá puedes ver un enorme sembrado de maíz.
12. semilla   La parte del maíz que comemos es la semilla. Todas las plantas crecen de una semilla.
13. trigo   (una planta)   El pan que comemos es de trigo.
14. voluntad   El enfermo va a morir, no tiene voluntad para seguir viviendo.

1 forest	3 harvest	5 to avoid	7 grange, farm	9 peanut	11 planted field	13 wheat
2 value	4 privation	6 ranch, farm	8 motto	10 dam	12 seed	14 will

related words

abonar (de bueno) — *to fertilize (in this context)*

alimentar (de alimento) — *to feed*

alimenticio (de alimento) — *relating to food*

aprovechamiento (de aprovechar) — *taking advantage of, putting to use*

azucarero (de azúcar) — *pertaining to sugar*

bananero (de banana) — *relating to bananas*

cafetalero (de café) — *relating to coffee*

desterrar (de tierra) — *to exile, to get rid of*

enfermedad (de enfermo) — *illness, disease*

esfuerzo (de fuerte) — *effort*

ineficaz (de eficaz) — *inefficient*

mejorar (de mejor) — *to improve, to better*

recurso (de recurrir) — *resource*

sequía (de seco) — *dryness, drought*

trabajador (de trabajar) — *worker*

expressions

cada vez más — *more and more all the time*

cuerpo de paz — *Peace Corps*

día a día — *day by day*

Agricultura

Al recorrer las zonas en que habitaron las grandes culturas precolombinas, asombra contemplar las abandonadas terrazas en las montañas. En estas terrazas los agricultores aborígenes tenían sus sembrados de plantas extrañas para los españoles: maní, cacao, maíz, tomate, papa.

Los conquistadores, con el correr del tiempo, fueron incorporando a sus menús los productos alimenticios de los indios, pero en el primer momento, trajeron semillas de numerosas plantas que les eran indispensables para su gusto: caña de azúcar, café, trigo, frutas, y verduras.

Pasaron los años y aquellas plantas nuevas para el suelo de América cubrieron grandes extensiones de tierra, y muchas de ellas son hoy la única fuente de riqueza para algunos países. Por ejemplo, en Cuba toda la economía se basa en la caña de azúcar. Castro, que quiso industrializar la isla y diversificar las cosechas, para no depender del monocultivo, tuvo que volver al azúcar como única manera de obtener divisas para continuar su obra.

Evidentemente el monocultivo es un mal sistema para el país que lo tiene. En caso de guerra, la población estaría amenazada con serias dificultades para alimentarse. Por eso, todos los países tratan de diversificar los cultivos. Pero a veces, como en el caso de Cuba, razones climáticas obligan a cultivar un solo producto. En casos así, hay que someterse a la voluntad de la naturaleza.

La monocultura ha dado origen a otro mal: el latifundio—grandes plantaciones en manos de un solo dueño, o, peor, en las de compañías extranjeras. Así, una sola persona—o un número de personas anónimas—se enriquece con la pobreza de miles de trabajadores en enormes fincas azucareras, bananeras, y cafetaleras. El latifundio puede llevar a peligrosas e injustas situaciones sociales.

De ahí que "reforma agraria" es el lema de los gobiernos que quieren arrancar la tierra de las manos de los explotadores, para hacer una distribución más justa de la tierra entre las personas que la trabajan.

Casi todos los países latinoamericanos están tratando de solucionar estos problemas. Los que los han solucionado son precisamente aquéllos que ahora se encuentran a la cabeza del progreso.

Varios son los aspectos que tienen que considerar aquellas naciones en vías de desarrollo. Lo primero de todo es aumentar la producción. Para conseguir esto, se deben incrementar las áreas de cultivo, mecanizar la agricultura, obtener plantas mejoradas de alto rendimiento y resistentes a las enfermedades, abonar bien la tierra, e importar semillas de reconocida calidad.

El agua es elemento indispensable, y sin ella un pueblo no puede prosperar. Es fundamento de todas las obras posteriores. Para esto, los gobiernos han debido planificar el aprovechamiento de los ríos. Represas enormes que forman majestuosos lagos contienen el agua que se distribuirá según las necesidades, por sistemas de canales, hasta terminar en las plantaciones, llevando la fertilidad a regiones que no la tenían. Estas obras hidráulicas monumentales luchan con la persistente sequía de algunas zonas, y evitan inun-

Guatemala es uno de los grandes productores de café. Los granos se extienden al sol para que se sequen. Luego se exportan a diferentes países del mundo. (Guatemala)

daciones en otras. Ahora se ven grandes plantaciones en zonas que antes eran verdaderos desiertos. Pero no sólo es necesario favorecer nuevas plantaciones, sino que hay que conservar las ya existentes. También, los países cuyos bosques sufrieron grandes despojos debieron preocuparse no sólo de evitar la desforestación, sino también de reforestar.

Otro recurso que se está extendiendo cada vez más es la creación de granjas de experimentación agrícola para diversificar los cultivos, producir nuevos, y divulgar los avances técnicos entre los labradores. (Hay zonas en que los agricultores todavía labran la tierra con los mismos utensilios que usaban sus antepasados indígenas y con métodos anticuados e ineficaces.) Esto está dando magníficos resultados. Algunas instituciones norteamericanas ayudan en esta tarea, por ejemplo el Rockefeller Foundation y el Cuerpo de Paz.

En fin, Latinoamérica aumenta día a día el caudal de su producción agrícola, contribuyendo así al esfuerzo general de desterrar el hambre de este mundo.

Los grandes "cachos de banana" son colgados del techo para su lavado. Aquí vemos a dos obreros realizando la inspección de las bananas. (Costa Rica)

A / Answer the following questions.

1. ¿Cuáles son algunas de las plantas originarias del Nuevo Mundo?
2. ¿Cuáles son algunas de las plantas que trajeron los españoles?
3. ¿Qué es el "monocultivo"?
4. ¿Por qué es malo el monocultivo?
5. ¿Qué es un "latifundio"?
6. ¿Por qué es malo el latifundio?
7. ¿Cuál es el lema de los gobiernos revolucionarios?
8. ¿Cómo se puede aumentar la producción agrícola?
9. ¿Para qué sirve la irrigación?
10. ¿Qué hace el Cuerpo de Paz en Latinoamérica?

B / Write original sentences incorporating each of the following new words.

1	bosque	3	evitar	5	lago	7	sembrado	9	trigo
2	cosecha	4	finca	6	represa	8	semilla	10	voluntad

C / Write a composition on the following subject.

Compare y contraste el estado de la agricultura en los Estados Unidos y en Latinoamérica. (Some key words which may help you: latifundio, irrigación, mecanización, semillas mejoradas)

25 INDUSTRIA

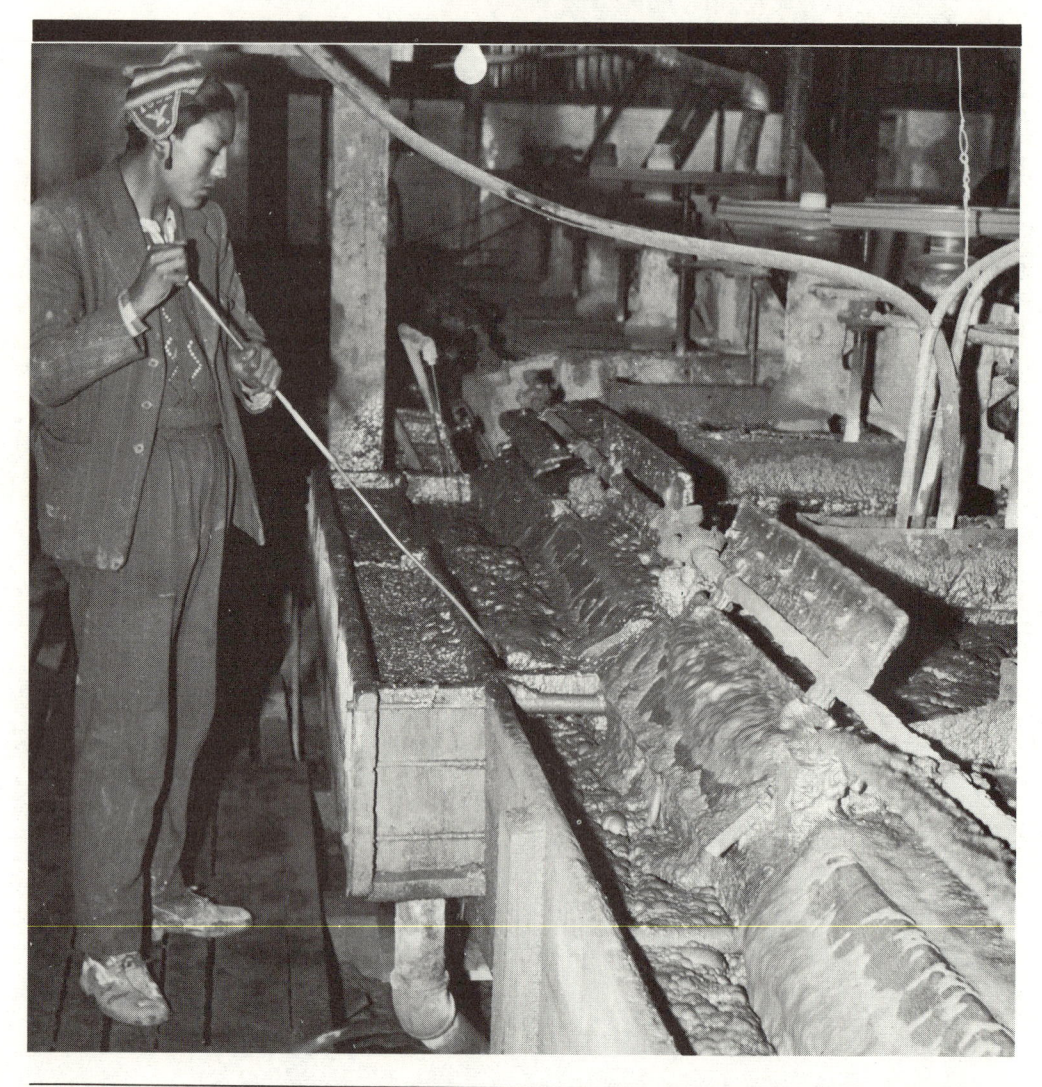

Indio boliviano, con su típico sombrero, trabajando en una mina de tungsteno. (Bolivia)

cognates

activamente, alternativa, aparato, automóvil, comerciar, consorcio, cooperar, corriente, decretar, electricidad, emitir, energía, estrato, explotar, filosofía, generador, iluminación, industrial, industrialización, integrar, irremediablemente, irrigación, irritar, manufacturero, mecánico, mercantilismo, monopolio, nacionalismo, nacionalizar, permanentemente, petróleo, productor, profesional, rápido, ruinoso, socioeconómico, solución, técnicamente, termoeléctrico

deceptive cognates

firmar — *to sign (a paper)*   invertir — *to invest*

new words

1 abastecer (suplir con cosas necesarias)   Las colonias abastecían España con oro y plata.
2 acuerdo (resolución)   Los hombres han llegado a un acuerdo en su disputa.
3 contrato (pacto, documento legal)   He firmado un contrato para comprar una casa nueva.
4 generar   La represa grande genera mucha electricidad.
5 hundido (oprimido)   Ese país va a quedar hundido en la pobreza si no hace progresos socioeconómicos.
6 montar (establecer)   Esa compañía va a montar una fábrica nueva en Uruguay.
7 químico (que pertenece al estudio de la química)   En la clase de quimica aprendimos que el agua es combinación del oxígeno y del hidrógeno.

1 to supply   3 contract   5 suppressed, oppressed   7 chemical (adj.)
2 agreement   4 to generate   6 to set up, to establish

related words

aquejar (de quejar) — *to bother, to cause problems*
detener (de tener) — *to detain, to stop*
empobrecido (de pobre) — *impoverished*
ganancia (de ganar) — *earnings*
imponer (de poner) — *to impose*
mal (de malo) — *an ill, a bad thing*

petrolero (de petróleo) — *pertaining to oil*
requisito (de requerir) — *a requisite, something necessary*
subdesarrollo (de desarrollar) — *underdevelopment*
subsuelo (de suelo) — *subsoil*

expression

materia prima — *raw materials*

Muchos de los males de tipo socioeconómico que hoy aquejan a Latinoamérica provienen de sus tres siglos de vida como colonia de España. Desde los primeros momentos de la época colonial, España impuso el sistema económico del "mercantilismo" en las colonias. (La filosofía del mercantilismo es la que considera que las colonias deben comerciar solamente con la madre patria.)

Ese monopolio económico impidió que nacieran industrias en estas tierras. España necesitaba las materias primas que América poseía, y ella misma las industrializaba. De haber permitido la industrialización en sus colonias, éstas habrían competido con las españolas. América tenía que abastecer, no competir. De manera que las colonias se vieron obligadas a quedar en el lugar de países productores de materias primas. Es bien sabido que un país que queda en ese estrato tiene un nivel de vida inferior a los que están industrializados.

Tampoco podían las colonias comerciar sus productos con nadie que no fuera España, que pagaba el precio que ella misma establecía. Este sistema fue ruinoso para la economía de estas tierras. Cuando por fin se hizo oír el descontento que esta situación producía, España decretó el libre comercio. Pero ya era tarde: la máquina revolucionaria estaba en movimiento, y nada ni nadie pudo detenerla.

Latinoamérica logró su independencia en el siglo pasado, y quedó libre de España. Libre, pero empobrecida. Su suelo y su subsuelo seguían ricos, pero de nada sirve tener materia prima si no se tiene dinero para industrializarla, y sobre todo si no se está preparado técnicamente.

La falta de capital para explotar las enormes posibilidades que tenían estas tierras dio como resultado que los grandes consorcios extranjeros invirtieran su dinero en los diferentes países latinoamericanos. Tal situación irrita permanentemente el fuerte nacionalismo de los mismos, pero no tienen otra alternativa: o aceptan el

Industria

capital extranjero o quedan irremediablemente hundidos en su subdesarrollo.

La solución "moderna" a este problema es que la compañía extranjera y el gobierno del país firmen contratos. Estos acuerdos garantizan que cierto porcentaje de los profesionales de la industria sean nativos del país, y gran parte de las ganancias quedan en Latinoamérica.

Esto explica por qué hoy día muchas compañías famosas montan fábricas importantes en Latinoamérica. Entre otras, Volkswagen, Fiat, y Chevrolet tienen grandes fábricas para producir automóviles; Proctor & Gamble, Champion Paper, y muchísimas otras compañías también participan activamente en la industria latinoamericana.

La industria petrolera, la eléctrica, la mecánica, y la química son consideradas la base del programa de desarrollo y de industrialización de los países jóvenes. En primer lugar porque son los requisitos para alcanzar un rápido y sostenido crecimiento de la economía. En segundo lugar porque los grandes proyectos de industrias básicas contribuyen a integrar el sector manufacturero.

Todos los países han tratado de aprovechar las corrientes de agua importantes, tanto para la irrigación

En Latinoamérica también existe la gran industria. He aquí la planta de fabricación de autos Chevrolet, en Argentina. (Argentina)

como para generar electricidad, o han establecido plantas termoeléctricas para abastecer a las industrias nacientes. Aunque se ha desarrollado mucho el servicio de electricidad en todos los países, todavía hay mucho por hacer. En algunos centros urbanos, por ejemplo, a veces no hay bastante electricidad para todos, y tienen un "brownout" (los aparatos de iluminación emiten muy poca luz).

El petróleo es otro elemento importantísimo en la economía de un país. No sólo es indispensable para el desarrollo industrial, como generador de energía, sino también de gran cantidad de materias primas para numerosas industrias. Todas las naciones latinoamericanas que tienen petróleo tratan de nacionalizar su industrialización para no depender de los monopolios internacionales.

Latinoamérica no está todavía tan industrializada como los países europeos o los Estados Unidos. Pero, ya que el capital extranjero coopera con el gobierno, podemos esperar que la industria latinoamericana se desarrolle más, y ayude a mejorar las condiciones de vida de sus habitantes.

Artífice mexicano trabajando la plata. De su pequeño taller saldrán las codiciadas alhajas que buscan los turistas. (México)

A / Complete the following sentences.

1. El sistema económico en las colonias era el . . . .
2. Bajo el mercantilismo, las colonias debieron comerciar solamente con . . . .
3. Las colonias mandaban a España . . . .
4. Un país sin industrias . . . .
5. España pagaba el precio . . . .
6. No sirve de mucho tener materia prima si no . . . .
7. La solución moderna es que el gobierno y la compañía extranjera . . . .
8. Hoy día muchas compañías famosas . . . .
9. Las industrias básicas son . . . .
10. La nacionalización de industrias . . . .

B / Use the following expressions in original sentences. These expressions are from Chapter 19–25.

1	en cuanto a	6	punto de vista
2	a la zaga de	7	Cuerpo de Paz
3	hacer cola	8	a fondo
4	a comienzos de	9	materia prima
5	bellas artes	10	cada vez más

La pequeña industria doméstica, con primitivos métodos, sigue practicándose en el interior de los países, sobre todo en tejidos y cerámica. Esta mujer panameña venderá sus productos en el mercado. (Panamá)

C / Discuss the following questions.

1. ¿Por qué es necesario que un país tenga industrias?
2. Algunos creen que la industria es, de hecho, mala. ¿Es verdad o no? ¿Por qué?
3. ¿Deben las industrias controlar el gobierno de un país? ¿Cómo? ¿Hasta qué punto?
4. ¿Es inevitable que las industrias contaminan el ambiente?

26 COMERCIO

Enormes barcos con espaciosas bodegas llevan y traen mercaderías de todo el mundo. (Chile)

cognates

afectar, antihigiénico, asiduo, cliente, exportar, habitual, higiene, manufacturar, peculiaridad, permanente, reciente, refrigeradora, supermercado

new words

1 almacén (tienda)   Vamos al almacén para comprar tela.
2 cocinar (preparar la comida)   Mi mamá sabe cocinar muy bien.
3 congelar (helar, ponerse muy frío)   El hielo es el agua congelada. Mi mamá usa muchos productos congelados.
4 lata   Ella no usa productos frescos; saca la comida de latas.
5 madrugada (muy de mañana)   Nos levantamos hoy a las cinco de la madrugada.
6 plátano (banana)
7 puerto   Los barcos llegan a los puertos. Nueva York es un gran puerto.
8 rechazar (resistir, rehusar)   El jefe rechazó la idea de hacerlo.
9 tonelada (2.000 libras de peso)   Si un hombre pesa 200 libras, diez hombres pesan una tonelada.

1 store, shop	3 to freeze	5 early in the morning	7 port	9 ton
2 to cook	4 can	6 banana	8 to reject	

two "exotic" foods

alcachofa — *artichoke*   berenjena — *eggplant*

related words

carnicería (de carne) — *butchershop*
comestible (de comer) — *foodstuff*
envolver (de volver) — *to wrap*
gallina (de gallo) — *hen*
lechería (de leche) — *milk store, diary*

mercadería (de mercado) — *merchandise, goods*
panadería (de pan) — *bakery*
regatear (de gato) — *to bargain, to haggle (over prices)*

expression

(ir) de compras — *(to go) shopping*

155

Todos sabemos que Latinoamérica participa activamente en el comercio mundial, exportando grandes cantidades de petróleo, café, plátanos, carne, etcétera. Y sabemos también que importa muchos productos, especialmente los manufacturados, ya que vimos en el último capítulo que la industria en Latinoamérica no está muy desarrollada. A los grandes puertos de Latinoamérica llegan barcos de todas partes del mundo, para llevar y traer mercaderías.

Pero en vez de indicar cuántas toneladas de carne congelada exporta Argentina cada año, o qué países reciben esa carne, es mucho más interesante observar el menudo comercio diario. Es bien distinto de lo que se hace en los Estados Unidos.

La típica ama de casa norteamericana va, en su coche, al supermercado una vez por semana para comprar los comestibles que necesita. Puede comprar carne y congelarla en su refrigeradora, puede comprar todo tipo de comida ya preparada, congelada también. Además, hay muchísimos alimentos que vienen en latas.

La típica ama de casa latinoamericana no tiene coche. Tampoco va de compras una vez por semana. Lo habitual es salir de compras casi todos los días. Cada mañana compra—bien fresco—lo que quiere cocinar ese mismo día. Nunca compra comida congelada, y muy pocos productos en latas. Casi todo lo que compra es fresco—carne, pescado, verduras, fruta.

Esto quiere decir, claro está, que debe cocinar según las verduras de la estación, lo cual no afecta mayormente al menú, porque los productos básicos (carne, pescado, papas, huevos, y leche) se encuentran todo el año. No es de gran importancia que las berenjenas o las alcachofas se coman una vez al año.

Otra peculiaridad es que la mujer latina no va a un solo negocio. Por lo común, ella va a uno para comprar la leche, a otro para la carne, a otro para huevos y gallina, a otro para las verduras, etcétera. Estos negocios son pequeños locales

Comercio

que se especializan en un solo producto o tipo de productos. A una buena ama de casa le gusta ver lo que compra, antes que el vendedor le envuelva la mercancía.

También puede ir a un "mercado." Allí hay muchos vendedores que tienen puestos: está la panadería, carnicería, lechería, el almacen. Y no hay sólo un vendedor de cada producto, sino varios. Así, la señora puede visitar varios puestos, y hacerse asidua, ser "cliente" de uno.

En algunos centros urbanos estos mercados son propiedad de la municipalidad, y estrictamente controlados en cuanto a precios e higiene de los locales. Están abiertos todo los días. En muchas ciudades también hay una calle que se dedica a lo que se llama "feria." Allí hay puestos también, pero no son permanentes. Cada mañana, muy de madrugada, vienen los vendedores con sus puestos y su mercancía. Cuando han vendido todo, se van. Por lo común, se está dejando el uso de la feria porque es antihigiénica.

En algunas ciudades tienen la costumbre de tener un "día de mercado," que es una tradición muy antigua. A este mercado—un

La calle Florida es el paseo tradicional de Buenos Aires. Como no hay tránsito, la gente puede caminar a su gusto y ver los lujosos comercios de todo tipo. (Argentina)

día por semana—vienen muchos vendedores, no sólo de comida, sino de todo: ropa, zapatos, etc.

El concepto del supermercado se conoce en Latinoamérica, pero no hay muchos, y las amas de casa aún no los quieren bien.

Mucho de lo dicho se aplica también al comercio de otros productos. Hay tiendas de ropa de hombre, de zapatos, de tela, etcétera. En años recientes, ha habido influencia de los Estados Unidos, y se pueden ver tiendas como un "Sears" o un "Woolworth," pero no son muy concurridas. Hoy día, muy popular en algunos países es la "boutique."

En Estados Unidos creemos que todos los latinoamericanos "regatean" cuando van de compras. Esto es y no es verdad. En algunos países, se puede (y se debe) regatear en un mercado, pero no en una tienda. En otros, los precios están controlados, y no es posible hacerlo. Rechazamos la idea de regatear, pero es una tradición en algunas zonas de Latinoamérica.

Esta fábrica de Proctor y Gamble de Venezuela produce "ACE," un detergente sintético. "ACE" es una corrupción de la palabra *hace*, y es una traducción de "DUZ," que es una corrupción del inglés "does." Uno de los anuncios para ACE dice, "ACE lavando, yo descansando." (Venezuela)

¡Qué mejor recuerdo para llevar del Perú que los vistosos tejidos a mano que hacen las indias de la zona! (Perú)

A / Tell if the following statements are true or false.

1. Latinoamérica exporta muy poco petróleo.
2. La típica ama de casa norteamericana va de compras todos los días.
3. La norteamericana no tiene refrigeradora.
4. La típica ama de casa latinoamericana no tiene coche.
5. La latinoamericana compra muchos productos congelados.
6. Es importante que una mamá sirva berenjenas todo el año.
7. La mujer latinoamericana va a muchos negocios diferentes.
8. Se compra carne en una panadería.
9. La mujer latinoamericana compra muchos productos ya envueltos que no puede ver bien.
10. Se regatea en todas partes de Latinoamérica.

B / Following are the definitions of some new words you learned in Chapter 24–26. Read the definitions and then tell what the defined word is.

1. tierra plantada
2. muy de mañana
3. huir de daño o peligro
4. pacto, documento legal
5. 2.000 libras de peso
6. recogimiento de los productos maduros
7. que pertenece al estudio de la química
8. helar, ponerse muy frío
9. suplir con cosas necesarias
10. construcción que detiene el agua

C / Discuss the following questions.

1. ¿Es mejor tener un gran supermercado o diferentes negocios pequeños? ¿Por qué? ¿Dónde hay mejor selección de diferentes productos? ¿Cuál sería la diferencia en precios? ¿La diferencia en el servicio?
2. ¿Qué productos importa los Estados Unidos? ¿Cuáles exporta?

27 PODER MILITAR

Comienzos del "cuartelazo" característico en casi toda Latinoamérica. El ejército empieza rodeando el palacio nacional. Esta foto es del Perú: son los momentos anteriores a la deposición del Presidente Constitucional, Fernando Belaúnde Terry. (Perú)

cognates

abundante, acceder, admiración, aeronáutico, afecto, arduo, armado, armamento, ataque, avanzar, casino, científico, conflicto, congreso, constitucional, contrario, defensor, dictador, disimular, disminuir, específico, estupendo, frustración, funcionar, generación, inactividad, inclinar, interrumpir, justificar, limitar, marina, ministro, mísero, omnisciente, pacífico, planear, privilegiado, privilegio, régimen, rencor, resolver, sensación, soportar, vigilar, votar, voto

deceptive cognate

jubilación — *retirement, pension*

new words

1. ala   Los aviones y los pájaros tienen alas.
2. broma (chiste, algo cómico)   Lo dijo en broma.
3. cobrar (recibir dinero)   Yo cobro mi paga cada dos semanas.
4. cuartel   (edificio en que viven los soldados)
5. derribar (arruinar, derrotar)   La revolución derribó al presidente.
6. desconcierto (desorden, confusión)   Hay desconcierto a causa de las elecciones.
7. esbelto (bien formado)   ¡Qué esbelta la chica esa!
8. fracaso (resultado malo, ruina)   Ella no sabe cocinar, la comida que preparó resultó un fracaso.
9. hilo (lo que se usa para coser)   ¿Qué color de hilo quieres para coser esta camisa?
10. manejar (controlar, dirigir)   El país es manejado por el dictador.
11. prensa (los periódicos)   Los representantes de la prensa entrevistan al presidente.
12. proscripto   (prohibido)
13. rama (parte secundaria de una cosa)   Las fuerzas militares tienen tres ramas: ejército, marina, y aeronáutica.
14. sueldo (salario)   Hoy cobro mi sueldo.
15. títere   Pinocchio era un títere que llegó a ser humano.
16. transcurrir (pasar)   Han transcurrido dos años.

1 wing	4 barracks	7 svelte	10 to direct, to control	13 branch
2 joke	5 to defeat, to bring down	8 failure	11 the press	14 salary
3 to collect	6 disorder, confusion	9 thread, string	12 prohibited	15 puppet
				16 to pass (applied to time)

related words

comprometer (de compromiso) — *to compromise (oneself)*

condecoración (de decorar) — *military decorations, medals*

desvivir (de des y de vivir) — *to eke out a living*

encarnar (de carne) — *to embody*

hispanohablante (de hispano y de hablar) — *Spanish-speaking*

lujoso (de lujo) — *luxurious*

oxidar (de oxígeno) — *to rust*

poblado (de poblar) — *populated*

portador (de portar) — *bringer*

presupuesto (de poner) — *budget*

respuesta (de responder) — *answer*

tenazmente (de tenaz) — *tenaciously*

expressions

al azar — *by chance, at random*

con tal de — *for the purpose of*

estar por — *to be about to*

por lo menos — *at least*

"Casi todos los países latinoamericanos tienen en la actualidad sus fuerzas armadas, organizadas en tres ramas: Ejército, Marina, y Aeronáutica. Le pedimos a una persona amiga, ciudadana de una república sudamericana que nos diera su *opinión* sobre este asunto. Su respuesta fue:

"Tema sumamente delicado es éste del poder militar. El hombre que ha avanzado tanto en el campo científico, que ha vencido tenazmente tantos problemas, no ha podido resolver todavía el simple pero arduo problema de vivir en paz. Las comunidades tienen conflictos permanentes y todas consideran que por esa razón deben tener su fuerza militar, no para atacar —dicen— sino para defenderse.

"Pero, donde el poder militar tiene una fuerza incomprensible es en Latinoamérica. Y es incomprensible porque ninguno de estos países ha intervenido en guerra alguna casi desde los tiempos de su independencia.

"No obstante lo cual, disponen de un porcentaje enorme de su presupesto para mantener poderosos ejércitos, con costosos armamentos, que se oxidan por falta de uso. Los militares de Latinoamérica son pacíficos ciudadanos que se cubren de condecoraciones por el solo hecho de vestir uniforme.

"La inactividad específica en que transcurren sus carreras los inclina a planear revoluciones para derribar no solamente a dictadores, sino también a pacíficos presidentes . . . o al ala contraria del propio ejército que se encuentra en el gobierno por una revolución anterior.

"En la casi mayoría de los países hispanohablantes la vida constitucional está interrumpida. No funciona el Congreso, los partidos políticos están proscriptos, la prensa vigilada, y las nuevas generaciones surgen sin saber qué es votar.

"El país es manejado con decretos que dicta una junta militar que se considera omnisciente y que actúa como si todos los ciudadanos constituyeran un

Poder Militar

enorme cuartel. Los latinoamericanos, afectos a las bromas, solemos decir que en la carrera militar están por agregar un nuevo grado, el de 'Presidente.'

"Estas juntas militares suelen comprometer a numerosos civiles que, con tal de ejercer el cargo de ministro alguna vez en su vida, acceden a ser títeres de dicho gobierno, que queda así muy disimulado. Pero los militares mueven los hilos desde atrás.

"Si los gobiernos fuertes que encarnan estos regímenes por lo menos hicieran progresar a la nación, se podría pensar que el medio es malo pero que el buen fin lo justifica. Pero desgraciadamente, el sistema se viene experimentando desde hace muchos años, y los países latinoamericanos no salen de su pobreza.

"Es que todos ellos tienen que soportar una estructura demasiado pesada: el ejército. En muchos países es muy común ver la esbelta figura de las construcciones militares, con sus lujosos casinos, su abundante y buena comida, sus fiestas elegantes, junto a poblaciones de míseras casuchas.

"Los privilegios de todo orden que tienen los militares son muy grandes. To-

Belaúnde se exila en la Argentina. Cuando prepara volver al Perú para luchar contra los militares, los militares argentinos no dejan que vuelva al Perú. Al fin, Belaúnde vuela a Nueva York. (Argentina)

memos un ejemplo al azar: en contraste con los maestros—que se desviven toda su vida, a veces en escuelitas viejas y pobres, lejos de todo centro poblado, para elevar el nivel cultural de sus compatriotas, recibiendo miserables sueldos y retirándose con más miserables jubilaciones—los militares, que no tenemos noticias que se desvivan por nadie, cobran estupendos sueldos toda su vida, y se retiran con el cien por ciento de los mismos.

"Todas estas injusticias hacen que las Fuerzas Militares no merezcan más el cariño y la admiración que se les tenía a principios de este siglo. Los civiles guardan un secreto rencor contra estos compatriotas privilegiados, ante quienes tienen que someterse porque son impotentes frente a sus armas. Esto crea un descontento interior, una sensación de fracaso, de desconcierto, de frustración.

"Hoy día en Latinoamérica no se piensa en el ejército como en el hidalgo portador de libertades, o como en el valiente defensor de un ataque enemigo. Hoy día, se piensa en él como en el *enemigo* que se tiene dentro del propio país, y contra el cual es imposible luchar.

"Nadie ve en Latinoamérica la solución a este problema, ya que el presidente elegido por voto popular, que intentara disminuir el número de generales o limitar en cualquier forma su poder, este poder lo derribaría con una revolución. . . ."

Final previsto: el jefe del golpe militar, rodeado de sus camaradas y frente a Cristo crucificado, jura fidelidad a la Constitución del Perú. (Perú)

A / Answer the following questions.

1. ¿Es posible que la persona que escribió este capítulo sea de México?
2. ¿Qué problema no ha resuelto el hombre?
3. ¿Por qué es incomprensible que haya gran poder militar en Latinoamérica?
4. ¿Qué les pasa a los armamentos en Latinoamérica?
5. ¿Derriban los militares solamente a dictadores?
6. ¿Cuál es el "nuevo grado militar" de que habla en broma nuestro amigo?
7. ¿Hacen bien a los países los gobiernos militares?
8. ¿Cuál es la "estructura demasiado pesada" que tienen que soportar los países latinoamericanos?
9. ¿Qué porcentaje de su sueldo reciben los militares cuando se jubilan?
10. ¿Hay una solución al problema del poder militar en Latinoamérica?

B / Complete the sentences using the following list of words.

hilo   sueldo   fracaso   transcurrir   ala   derribar   cobrar   rama   manejar   prensa

1. El pobre pájaro tiene el _____ rota.
2. Ella gana un _____ de $400 por semana.
3. Los militares _____ al dictador.
4. El dictador _____ el país estrictamente.
5. Aquí tenemos libertad de _____.
6. Para coser, se necesita tela, aguja e _____.
7. El dueño del departamento _____ cien pesos cada mes.
8. Este árbol tiene muchas _____ grandes.
9. Juan volvió después que _____ tres años.
10. La revolución fue un _____ total.

C / Discuss the following questions.

1. ¿Qué diferencias ve Vd. entre el poder militar en Latinoamérica y el de los Estados Unidos? ¿Dónde cree Vd. que no hay diferencias?
2. La persona que escribió este capítulo tiene, claro está, ciertos prejuicios. ¿Qué habría escrito un militar latinoamericano si le hubiéramos pedido su opinión?
3. ¿Cree Vd. que es posible que las fuerzas militares sean "el enemigo que se tiene dentro del propio país"? ¿Cómo? ¿Enemigo de quién?

28 DEMOCRACIA Y ELECCIONES

Aunque no sepan muy bien por qué votan, sin embargo estos indios colombianos se van ejercitando en la práctica de ese derecho. (Colombia)

cognates

afiliado, ascendente, candidato, célula, comité, cómputo, conclusión, confección, conspirar, consternación, democracia, detalle, diputado, elección, eleccionario, ideológico, insignificante, instalar, íntegro, interno, lamentablemente, lista, lógico, mandato, mínimo, normal, núcleo, oposición, práctico, precario, requerir, senador, silenciar, simpatía, simplemente, solitario, teórico, triunfo, únicamente

deceptive cognate

discutir — *to argue*

new words

1 aliar (asociar)   Los Estados Unidos e Inglaterra se han aliado.
2 anhelante (que desea vehemente)
3 arrastrar (llevar a uno tras sí)   Con su poder, el jefe arrastra millones de votos.
4 atar (unir, juntar con cuerdas y nudos)
5 boleta (en lo que se vota)
6 capaz (uno que tiene capacidad)   Mi jefe no es capaz, pero mi profesor, sí.
7 caudillo (jefe, comúnmente cabeza de un ejército)
8 charlar (conversar)   Los jóvenes estaban charlando sin decir nada.
9 embadurnado (pintado, manchado)   El día después de Halloween, las paredes estaban embadurnadas de jabón.
10 equivocar (hacer error en juzgar una cosa)   Creía que él lo había hecho, pero me equivoqué.
11 permanecer (quedar, esperar)   Ella va a permanecer aquí hasta que venga su novio.
12 presión   El presidente de la universidad recibe presiones de los alumnos, de los profesores, y del público.

1 to become allied	3 to carry along	5 ballot	7 military leader	9 painted, besmeared	11 to remain, to wait
2 urgently desiring	4 to bind	6 capable	8 to chat	10 to be mistaken	12 pressure

related words

amabilidad (de amar) — *friendliness*
anonimato (de anónimo) — *anonymity*
armar (de arma) — *to arm, to give guns to*
caudillismo (de caudillo) — *the tradition of having military men as rulers of a country*
ganador (de ganar) — *winner*
partidario (de partido) — *pertaining to a political party*
proponer (de poner) — *to propose*
quehacer (de que y de hacer) — *task, job*
recuento (de contar) — *tally, tabulation*
veedor (de ver) — *overseer*

expressions

cuanto más . . . más . . . — *the more . . . the more . . .*
fijarse en — *to stare at, to fix one's sight on*

Democracia y Elecciones

En base a lo dicho en el capítulo anterior, tenemos que llegar a la conclusión de que la palabra "democracia" en Latinoamérica es solamente eso: una palabra.

Una palabra que constituye la bandera de los teóricos de la política, por la que luchan y en la que creen. Pero una palabra vacía de contenido para los prácticos de la política: los dictadores y las Fuerzas Armadas.

Son pocos los países que tienen presidentes elegidos por el voto popular, que cumplen su mandato íntegro. No creemos equivocarnos si nombramos únicamente a Costa Rica, Chile, México, y Uruguay. Es interesante notar que Costa Rica no tiene ejército, por considerarlo gasto inútil, y los otros tres tienen ejércitos insignificantes.

Para nosotros es muy difícil entender el sentido de la política de los latinoamericanos. Nosotros no tenemos los dos "centros políticos" en que se reúnen los latinoamericanos hasta altas horas de la noche: el comité y . . . el café. Allí discuten los mínimos detalles de la situación política del país, planean listas de futuros candidatos, o simplemente conspiran contra las autoridades.

La política es parte fundamental de la vida del hombre latinoamericano. (Y al decir "hombre," incluimos también a la mujer. Son numerosas las mujeres que ayudan en el quehacer político.) Otra característica es que en la mayoría de los países, los partidos políticos son numerosísimos. Esto se debe al sentido de caudillismo que está muy desarrollado. Un hombre con suficientes amigos para alcanzar el número requerido para constituir un partido, lo hace. Claro está que estos núcleos tienen vida muy precaria. En los países donde los partidos políticos son numerosos, es difícil encontrar diferencias ideológicas entre uno y otro. ¿Por qué no se unen entonces y forman una sola corriente de opinión con verdadero peso? Esta pregunta—lógica para nosotros—no tiene sentido para ellos. Los caudillos y caudillejos, seguros en altas posiciones partidarias, jamás dejarían su condición de jefes para pasar a un anonimato seguro en un gran partido, por bien que este gran partido hiciera a la república.

¿De dónde surgen estos hombres que a veces llegan a arrastrar miles de votos? En la célula más pequeña de la gran organización partidaria: el comité. En esos pequeños grupos (algo parecidos a nuestro "precinct"), alguno se va destacando. Cuantos más amigos tenga, más fuerte será la presión que pueda ejercer para continuar su carrera ascendente. Un caudillejo que tenga 200 o 300 personas que lo sigan puede dar el triunfo a un caudillo mayor, que queda así atado por compromisos con aquél. De esas elecciones internas surgen las autoridades partidarias que propondrán los nombres de las personas que entrarán en la lista nacional para diputados, senadores, o presidente. En la confección de las listas juegan presiones, y muchas veces no se coloca a los más capaces, sino a los que tienen más votos.

Días antes de las elecciones nacionales, los afiliados a los distintos partidos salen a medianoche a pintar —en cuanta superficie atrae su atención— el nombre de su candidato. A la mañana, la ciudad aparece lamentablemente embadurnada, ante la consternación de muchos dueños de casa que

Fidel Castro. ¿Peligro? ¿Esperanza? (Cuba)

ven sus frentes decorados contra su voluntad.

El día de las elecciones nacionales, que se hacen generalmente en las escuelas, se instalan las urnas. Los veedores de los distintos partidos rodean las mesas y pasan las horas charlando. Esta amabilidad termina cuando se cierra el acto eleccionario y comienza el recuento de los votos. Los ojos anhelantes de los veedores inmediatamente se fijan en el lugar donde se colocan las boletas de su partido y esperan ver crecer la columna que a veces no pasa de cuatro votos solitarios. . . .

Esa noche nadie duerme. La gente permanece en los comités esperando el resultado de los primeros cómputos, hasta que las radios silencian sus voces. A los pocos días se conoce el resultado, y el partido ganador sale a la calle en largas columnas de autos.

A partir de este momento, los partidos que perdieron sienten nacer entre sí extrañas simpatías, y se alían en la oposición, buscando hacer caer al nuevo presidente, y que haya nuevas elecciones, para tener así otra oportunidad. . . .

Los días anteriores a las elecciones, cada partido trata de ganar a los demás en llamar la atención de los ciudadanos. (Venezuela)

A / Tell if the following are true or false.

1. La palabra "democracia" es vacía de contenido en muchos países latinoamericanos.
2. La Argentina y el Brasil tienen democracias con presidentes elegidos por voto popular.
3. El café es un centro político importante en Latinoamérica.
4. La política es parte fundamental del hombre latinoamericano.
5. La mujer latinoamericana no hace nada en la política.
6. Cada país tiene sólo dos partidos políticos.
7. Los caudillos de los diferentes partidos no quieren unirse con otros partidos.
8. Un hombre generalmente puede ascender en la política sin amigos.
9. Siempre se propone al candidato más capaz.
10. Generalmente se hacen las elecciones en las escuelas.

B / Use the following words in an original sentence.

| 1 aliar | 3 arrastrar | 5 capaz | 7 charlar | 9 permanecer |
| 2 anonimato | 4 boleta | 6 caudillo | 8 equivocarse | 10 presión |

C / Discuss the following questions.

1. ¿Cuáles son las ventajas y las desventajas de un sistema político de dos partidos?
2. ¿Sería mejor tener más de dos partidos políticos en los Estados Unidos? ¿Por qué? ¿Cuáles serían?
3. Parece que el ciudadano latinoamericano no tiene mucha voz en lo que pasa en las elecciones. ¿Cree Vd. que el norteamericano tiene más o menos influencia que el latinoamericano?
4. ¿Deben todos los ciudadanos participar activamente en la política? ¿Por qué? ¿Cómo puede participar un norteamericano?

VOCABULARY

This vocabulary contains all words used in the book, with the exception of articles, possessives, demonstratives, personal pronouns, relative pronouns, and countries and cities which are spelled the same in English. A number given after the definition is the chapter in which the word is first used. If no number is given, the word is used only in a picture caption or in the pre-reading or exercise sections. Idioms are cross-referenced. The student should keep in mind that many words have more than one meaning; usually only the meaning used in the text is given here.

a   *to, towards* 1
abandonar   *to abandon* 5
abastecer   *to supply* 25
abolir   *to abolish* 16
abonar   *to fertilize* 24
aborigen   *native* 5
abrigo   *overcoat* 13
abrir   *to open* 6
absolutamente   *absolutely* 16
absoluto   *absolute* 2
absuelto   *absolved*
abuelo   *grandfather, grandparent* 9
abundancia   *abundance* 2
abundante   *abundant* 27
abundantemente   *abundantly* 1
abundar   *to abound* 12
aburrimiento   *boredom*
abuso   *abuse* 4
acabar   *to finish* 21; acabar de   *to have just*
academia   *academy* 20
acceder   *to accede* 27
acceso   *access* 6
accidente   *accident*
acción   *action*
aceite   *cooking oil*
aceptado   *accepted* 2
aceptar   *to accept* 4

acera   *sidewalk* 10
acercar   *to approach*
acomodado   *comfortable*
acompañar   *to accompany* 9
aconsejar   *to advise* 4
acortar   *to shorten* 15
acostar   *to put to bed*
acostumbrar   *to accustom* 15
actitud   *attitude* 8
activamente   *actively* 25
actividad   *activity* 16
activista   *activist* 16
acto   *act* 5
actor   *actor* 6
actriz   *actress*
actual   *present-day* 9
actualidad   *the present time* 12; en la actualidad   *at the present time* 5
actualmente   *currently* 20
actuar   *to act* 9
acuerdo   *agreement* 25; estar de acuerdo   *to agree* 6
adaptación   *adaptation* 13
adaptar   *to adapt* 4
adelantado   *military or political governor of a border area or colony* 6
además   *besides* 2

172

adentro   within
adiós   goodbye; hello (said in passing) 10
administrar   to administer 6
administrativo   administrative 6
admiración   admiration 27
admirar   to admire 2
admitir   to admit 9
adornar   to adorn 14
adquirir   to acquire 16
advenimiento   advent 19
aeronáutico   Air Force 27
aeropuerto   airport 15
afectar   to affect 26
afecto   affection 27
aficionado   (sports) fan 18
aficionar   to be devoted to 12
afiliado   allied, affiliated 28
aflicción   affliction
africano   African 4
agitar   to agitate 6
agonía   agony 23
agosto   August
agradable   agreeable 13
agradecer   to be grateful 10
agrario   agrarian, pertaining to agriculture 24
agregar   to add to 9
agrícola   pertaining to agriculture 24
agricultor   farmer 24
agricultura   agriculture 2
agrupar   to group 5
agua   water 12
aguacate   avocado 12
aguja   needle
ahí   there 4
ahora   now 2
aire   air 1; al aire libre   in the open air 18
aislación   isolation 11
aislado   isolated 1
ajo   garlic
al   to, towards 1
ala   wing, branch 27
alarido   shout 18
alarmante   alarming 4
álbum   album 18
alcachofa   artichoke 26
alcanzar   to attain, to achieve 4
alegórico   allegorical 17
alegrar   to make happy
alegre   happy
alegría   happiness 17
alejado   removed from 10
alejar   to get away from 21
alero   eave
alfabetización   literacy 8
alfabeto   alphabet

alfombra   rug, carpet 13
algo   something 3
alguno   some 1
alhaja   jewelry
aliar   to become allied 28
alimentación   food, feeding 12
alimentado   fed 8
alimentar   to feed 24
alimenticio   relating to food 24
alimento   food 12
alivio   relief
alma   soul 3
almacén   store 26
alojar   to lodge
alquilar   to rent 19
alrededor   around 11
altar   altar
alternativa   alternative 25
altiplano   highland plain 15
altitud   altitude 1
alto   high, tall 1
altura   height 1
aludir   to allude to
alumno   student 16
allá   there
allí   there 1
ama: ama de casa   housewife 13
amabilidad   friendliness 28
amar   to love 1
amargo   bitter 12
amargura   bitterness 4
amarillo   yellow
ambiente   environment, atmosphere 13
ambos   both 10
ambulante   walking (on foot) 18
amenazar   to threaten 24
América   the Americas 1; América del norte   North America 1; América del sur   South America 1
americano   a person who lives in the Americas 1
amigo   friend 9
amistad   friendship 15
amo   master 4
amor   love 23
amoroso   loving, amorous 10
amparo   aid, protection 6
analfabetismo   illiteracy 8
analfabeto   an illiterate person 16
analizar   to analyze 23
ancho   wide 15
andar   to walk 15
ángel   angel 11
anglosajón   Anglo-Saxon 3
anhelante   urgently desiring 28

anillo *ring* 10
animal *animal* 1
ánimo: dar ánimo a *to give impetus to, to "fire up"* 7
anoche *last night*
anonimato *anonymity* 28
anónimo *anonymous* 24
ansia *anxiety, desire* 6
ansioso *anxious* 19
antagonismo *antagonism* 8
antagonista *antagonist* 8
ante (*prep.*) *before, in front of, facing* 3
antecesor *ancestor* 9
antepasado *ancestor* 18
anterior *prior* 5
antes (*adv.*) *before* 4
anticipación *anticipation*
anticuado *antiquated* 13
antigüedad *antiquity*
antiguo *old* 12
antihigiénico *not hygienic* 26
antropología *anthropology* 20
antropomórfico *anthropomorphic, having human form* 2
anunciar *to announce*
anuncio *announcement, advertisement* 11
año *year* 1
aparato *apparatus, a television or radio set* 25; aparato eléctrico *electric appliance* 13
aparecer *to appear* 5
aparición *apparition* 5
apariencia *appearance*
apasionar *to become impassioned* 19
apenas *hardly* 14
apetito *appetite*
aplicar *to apply* 20
apreciar *to appreciate, to increase in value* 13
aprender *to learn* 12
aprovechamiento *taking advantage of, putting to use* 24
aprovechar *to take advantage of, to put to use* 25
aptitud *aptitude* 6
apuntar *to point out* 21
aquejar *to bother, to cause problems* 25
aquí *here* 12; he aquí *here are, here is*
árabe *Arabic, Arabian; Arab* 10
arado *plow*
árbol *tree* 13
arbolado *tree-lined* 17
arcada *arcade*
arco *arch* 17; Arco de Triunfo *Arch of Triumph*
arduo *arduous* 27
área *area* 24
argentino (*adj.*) *person from Argentina* 1

árido *arid* 5
aristocracia *aristocracy* 6
aristocrático *aristocratic* 9
arma (fire) *arm, branch* 7
armado *armed* 27
armamento *armament* 27
armar *to arm* 28
armonioso *harmonious* 18
arpa *harp* 22
arquitecto *architect* 2
arquitectura *architecture* 13
arraigado *deep-rooted, firm* 11
arrancar *to uproot* 4
arrastrar *to carry along* 28
arreglar *to arrange* 11
arrollado *rolled*
arroz *rice* 12
arruinar *to ruin*
arte *art* 12; bellas artes *fine arts* 2
artefacto *artifact* 20
artesanía *craftsmanship* 20
ártico *Arctic* 2
artículo *article*
artífice *craftsman* 20
artificial *artificial* 17
artista *artist* 19
artístico *artistic* 19
asar *to roast* 12
ascendente *ascendent* 28
ascender *to ascend*
asfalto *asphalt*
así *thus* 3
asiduo *asiduous* 26
asiento *seat*
asistir *to attend* 9
asociar *to associate* 11
asombrar *to surprise* 2
asombro *surprise* 22
aspecto *aspect* 1
aspirar *to aspire* 15
astronomía *astronomy* 2
asumir *to assume, to take over* 8
asunto *matter* 3
atacar *to attack* 13
ataque *attack* 27
atar *to tie, to bind* 28
atardecer *nightfall* 11
ataúd *coffin* 11
atención *attention* 17
atender *to attend to, to take care of* 8
atestado *crowded* 18
atraer *to attract* 22
atrás *behind* 27
atravesar *to cross through* 1
atributo *attribute* 9

atrio   *atrium*   17
aumentar   *to grow*   24
aumento   *growth*
aun   *still, even*   4
aún   *still, yet*   5
aunque   *although*   1
auténtico   *authentic*   23
auto   *car*   18
autobús   *bus*   15
automático   *automatic*   13
automóvil   *car*   25
autor   *author*   19
autoridad   *authority*   2
avalancha   *avalanche*   18
avance   *advance*   24
avanzado   *advanced*   9
avanzar   *to advance*   27
ave   *bird*
aventura   *adventure*   1
avión   *airplane*   1
ayer   *yesterday*
ayuda   *aid, help*   7
ayudar   *to help*   9
azar: al azar   *by chance, at random*   27
azteca   *Aztec*   2
azúcar (*n.*)   *sugar*   4
azucarero (*adj.*)   *sugar*   24
azul   *blue*

baba   *mucous*
bachillerato   *a degree or title associated with the university*   16
bailar   *to dance*   10
bailarín   *dancer*   22
baile   *dance*   4
bajar   *to go down*
bajo   *short, low*   4
balanceo   *balancing*   4
balcón   *balcony*   10
balsa   *canoe*   15
ballet   *ballet*   22
banana (*n.*)   *banana*   12
bananero (*adj.*)   *banana*   12
bandera   *flag*   18
bañar   *to bathe*
bar   *bar*   9
barato   *cheap, inexpensive*   14
barco   *boat*   1
barrer   *to sweep*   13
barrio   *neighborhood, district*   13
barroco   *baroque*   20
basar   *to base, to be based on*   6
base   *base*   9
básico   *basic*   6
basílica   *basilica*   5
básquetbol   *basketball*   18

bastante   *enough*   4
bastar   *to suffice, to be enough*
batalla   *battle*   7
bautismo   *baptism*   5
bautizar   *to baptize*   3
beber   *to drink*   12
bebida   *drink, beverage*   12
béisbol   *baseball*   18
belleza   *beauty*   18
bello   *pretty*; bellas artes   *fine arts*   2
bendecir   *to bless*   11
beneficio   *benefit*   15
benigno   *benign*
berenjena   *eggplant*   26
biblioteca   *library*
bicicleta   *bicycle*
bien (*adv.*)   *well*   4; (*n.*)   *a possession*   14
biznieto   *great-grandchild*   9
blanco   *white*   4
blancura   *whiteness*   13
boca   *mouth*
bocina   *car horn*   15
bodega   *hold of a ship*
boleta   *ballot*   28
boliviano   *Bolivian*
bombilla   *metal straw used for drinking* mate   12
bonito   *pretty*
bordear   *to border*   15
bosque   *forest*   24
botánico   *botanist*
botella   *bottle*
botellazo   *a hit over the head with a bottle*   18
bóveda   *crypt*   11
brasileño   *Brazilian*   22
brazo   *arm*   6
brillante   *brilliant; diamond*   10
brindar   *to toast, to offer*   6
broma   *joke*   27
brotar   *to spring forth*   7
bueno   *good*   3
bufanda   *scarf, muffler*   14
bullicio   *bustle, excitement, commotion*   17
burro   *donkey*   15
bus   *bus*
buscar   *to hunt for, to search for*   15

caballero   *gentleman; horseman*   3
caballo   *horse*   15; a caballo   *on horseback*   15
cabaña   *cabin*
cabaret   *cabaret, night club*   9
cabecera   *head of a bed*   11
cabello   *hair*   5
caber   *to fit, to go into*
cabeza   *head*   24

cabida *room, space* 7
cabildante *council member* 6
cabildo *town council* 6
cable *cable*
cabo: Cabo de Hornos *Cape Horn* 1
cacahuete *peanut*
cacao *cacao* 24
cacho *a branch of bananas*
cada *each* 2; cada vez más *more and more all the time* 24
cadáver *corpse, cadaver* 11
caer *to fall* 3
café *coffee; cafe* 9
cafetalero *pertaining to coffee* 24
caja *box* 22
cal *lime, whitewash* 13
caldo *broth* 12
calefacción *heating* 13
calefaccionar *to heat* 13
calendario *calendar* 2
calidad *quality* 24
cálido *warm* 13
calor *heat, warmth* 1; hacer calor *to be warm*
calzar *to wear shoes*
calle *street* 6
cámara *chamber; camera*
camarada *comrade*
cambiar *to change* 20
cambio *change* 3; en cambio *on the other hand* 2
caminar *to walk* 10
camino *road* 2
camión *truck* 18
camisa *shirt* 14
campaña *campaign* 7
campeón *champion* 18
campeonato *championship* 18
campesino *peasant, farm worker* 3
campo *country (rural), field* 4
canal *canal* 24
canción *song* 19
cancha *field, court (in sports)* 18
candidato *candidate* 28
candil *candle*
canoa *canoe* 15
canon *standard, canon* 14
cansar *to tire* 18
cantante *singer* 6
cantar *to sing* 11
cantidad *quantity* 1
canto *song, chant* 5
caña *cane, pipe* 22
capa *cape*
capacidad *capacity*
caparazón *shell* 22

capaz *capable* 28
capilla *chapel* 11
capital (*m.*) *money, capital* 25; (*f.*) *capital, seat of government* 17
capitalista *capitalist* 21
capitán *captain* 3
capítulo *chapter* 3
captar *to capture* 23
cara *face* 10
caracol *snail* 22
carácter *character* 2
característica (*n.*) *characteristic* 7
característico (*adj.*) *characteristic*
caracterizar *to characterize* 23
cárcel *jail*
cargar *to load up, to burden*
cargo *load, responsibility* 6; a cargo de *under the responsibility of* 5
caricaturizar *to make a caricature of* 21
cariño *affection* 9
carnaval *Mardi Gras* 17
carne *meat* 12
carnicería *butchershop* 26
carrera *career; race* 16
carreta *cart* 15
carretera *highway* 15
carro *cart, car* 17
carta *letter*
cartilla *alphabet board*
casa *house* 5
casado *married person*
casamiento *wedding, marriage* 10
casar *to marry* 2; casarse con *to get married to*
casi *almost* 1
casino *casino* 27
caso *case* 1
castaño *chestnut-colored*
castañuela *castanets* 17
castellano *Spanish, Castillian* 5
castillo *castle*
casucha *shack* 13
catafalco *catafalque* 11
catedral *cathedral* 17
categoría *category* 8
catolicismo *Catholicism* 3
católico *Catholic* 3
caudal *value* 24
caudillejo *a small-time caudillo* 28
caudillismo *the tradition of having a "strongman" leader* 28
caudillo *a "strong-man" leader* 28
causa *cause*; a causa de *because of* 2
causar *to cause* 4
cavar *to excavate, to dig* 15
caza *hunt* 12

celebración *celebration* 17
celebrar *to celebrate* 10
célebre *famous* 22
celo *jealousy* 10
célula *cell* 28
cementerio *cemetery* 11
cemento *cement* 13
cenicero *ashtray*
ceniza *ash* 11
centavo *cent*
central *central* 2
centro *center, downtown* 6
cerámica *ceramics* 20
cerca *near* 1
cercanía *the near-by area* 18
cercano *near* 5
ceremonia *ceremony* 10
cero *zero* 2
cerrar *to close* 4
cesación *stoppage*
cesto *basket* 15
cielo *sky, heaven*
cien *one hundred* 27
ciencia *science* 16
científico *scientific; scientist* 27
ciento *one hundred; por ciento* *per cent* 16
cierto *certain* 1
cigarrillo *cigarette*
cinco *five* 16
cincuenta *fifty* 16
cine *movie theater* 9
cinta *tape* 14
círculo *circle* 6
ciudad *city* 1; ciudad estado *city-state* 2
ciudadano *citizen* 21
cívico *civic* 17
civil *civil* 10
civilización *civilization* 2
civilizar *to civilize* 6
claramente *clearly* 7
claridad *clarity* 5
claro *clear* 4
clase *class* 4; dar clase *to teach* 8
clásico *classic* 19
clasificar *to classify* 22
cliente *client* 26
clima *climate* 1
climático *climatic* 1
club *club* 9
cobrar *to collect* 27
cocido *stew* 12
cocina *kitchen; cooking* 12
cocinar *to cook* 26
coche *car* 11
codicia *greed* 3

codiciar *to covet*
cohesión *cohesion* 9
cola: hacer cola *to stand in line* 19
colaborar *to collaborate* 20
collección *collection* 20
colectivo *collective, joint* 17
colegio *secondary school* 8
colgar *to hang*
colina *hill* 5
colocar *to place* 11
colombiano *Colombian* 14
colonia *colony* 6
colonial *colonial* 7
colonización *colonization* 12
colonizador *colonizer* 19
colonizar *to colonize* 21
color *color* 2
columna *column* 20
combatir *to combat*
combinación *combination*
combustión *combustion*
comedia *play* 19
comedor *dining room* 13
comentar *to comment on*
comenzar *to begin* 6
comer *to eat* 8; dar de comer *to feed* 8
comercial *commercial* 1
comerciar *to engage in commerce* 25
comercio *business, commerce* 1
comestible *foodstuff* 26
cometer *to commit* 3
cómico (*adj.*) *comical;* (*n.*) *comedian* 19
comida *meal* 8
comienzo: a comienzos de *at the beginning of* 9
comité *committee* 28
comodidad *comfort* 14
cómodo *comfortable*
compañero *companion* 9
compañía *company* 19
comparar *to compare*
comparecer *to appear* (*in court*)
compatriota *compatriot* 23
competir *to compete* 7
complejidad *complexity* 22
complejo *complex* 4
completamente *completely* 9
complicar *to complicate* 5
componer *to compose, to fix*
composición *composition* 22
compositor *composer* 22
compra *a purchase;* de compras *shopping* 26
compraventa *buying and selling* 4
comprender *to understand* 5

177

comprobar   *to prove* 5
comprometer   *to compromise* (oneself) 27
compromiso   *engagement; compromise* 10
cómputo   *calculation* 28
común   *common* 2; por lo común   *commonly, generally* 13
comunicación   *communication* 1
comunicar   *to communicate* 2
comunidad   *community* 2
comunismo   *Communism* 23
comunista   *Communist* 21
comúnmente   *commonly*
con   *with* 1; con respecto a   *in respect to* 14; con tal de   *for the purpose of* 27
concebir   *to conceive* 7
concepción   *concept, conception* 20
concepto   *concept* 3
concesión   *concession*
conciencia   *conscience* 20
concluir   *to conclude* 17
conclusión   *conclusion* 28
concurrido   *crowded* 11
conde   *Count* 3
condecoración   *medal, badge* 27
condición   *condition* 9
condimentar   *to season*
condombre   *a type of dance* 22
conducir   *to conduct; to drive* 3
conducta   *conduct* 9
confección   *makeup* (of something) 28
confesión   *confession* 5
confite   *candy*
confitería   *candy store, sweetshop* 17
conflicto   *conflict* 27
conformismo   *conformity*
confort   *comfort*
confundir   *to confuse* 11
confusión   *confusion*
conga   *conga, a type of dance* 22
congelar   *to freeze* 26
congreso   *congress* 27
conjunto   *ensemble* 19; en conjunto   *together* 17
conmemoración   *commemoration* 17
conmemorar   *to commemorate* 14
conmover   *to move* (emotionally) 22
conocer   *to know* 2
conocido   (adj.)   *known;* (n.)   *acquaintance* 11
conocimiento   *knowledge* 1
conquista   *conquest* 3
conquistador   *conqueror* 1
conquistar   *to conquer* 3
consecuencia   *consequence* 3
conseguir   *to achieve, to acquire* 5
conservador   *conservative* 8
conservar   *to conserve* 5

considerar   *to consider* 2
consistir   *to consist*
consolación   *consolation*
consorcio   *consortium* 25
conspirar   *to conspire* 28
constar   *to consist of* 16
consternación   *consternation* 28
constitución   *constitution*
constitucional   *constitutional* 27
constituir   *to constitute, to make up* 2
construcción   *construction* 2
construir   *to construct* 2
consuelo   *consolation* 6
consultorio   *doctor's office* 8
consumir   *to consume* 12
contacto   *contact* 16
contar   *to count* 5
contemplar   *to contemplate* 24
contemporáneo   *contemporary* 23
contender   *to contend* 18
contener   *to contain* 18
contenido   *contents* 21
contento   *happy, content* 18
contestar   *to answer* 10
continente   *continent* 1
continuar   *to continue* 4
continuo   *continuous* 9
contradictorio   *contradictory* 1
contraposición   *contraposition* 22
contrario   *contrary, opposite* 27; por el contrario   *on the other hand* 1
contrastar   *to contrast*
contraste   *contrast* 1
contrato   *contract* 25
contribuir   *to contribute* 3
controlar   *to control* 2
convencer   *to convince*
convenir   *to agree on* 11
convento   *convent* 5
conversación   *conversation* 7
conversar   *to converse* 10
convertir   *to convert* 5
convulsionar   *to convulse* 22
cooperar   *to coöperate* 25
copiar   *to copy* 14
corazón   *heart*
corbata   *necktie* 14
cordillera   *mountain range* 1
corona   *crown* 4
coronel   *colonel*
corredor   *hall, corridor*
correr   *to run* 1
corresponder   *to correspond* 16
corriente   *current* 25
corrupción   *corruption*

cortar   *to cut*
corte   *court* 6
cortejar   *to court (a woman)* 10
cortejo   *cortege* 11
cortesano   *courtesan* 21
corto   *short* 14
cosa   *thing* 5
cosecha   *harvest* 24
coser   *to sew* 14
cosmopolita   *cosmopolitan, urban* 1
costa   *coast* 12
costar   *to cost* 1
costoso   *costly, expensive* 6
costumbre   *custom* 1
creación   *creation* 20
creador   *creator* 21
crear   *to create* 20
crecer   *to grow* 6
crecimiento   *growth* 22
credo   *belief, credo* 5
creencia   *belief* 11
creer   *to believe* 1
criado   *servant* 8
crimen   *crime* 3
criollismo   *the literary movement identifying with the Creoles* 23
criollista   *a writer of* criollismo
criollo   *a Creole, someone born in the New World* 6
crisis   *crisis* 19
cristianismo   *Christianity* 4
cristiano   *Christian* 3
Cristo   *Christ*
criticar   *to criticize* 13
crítico   *critic* 22
crónica   *chronicle* 22
crucificado   *crucified*
crucifijo   *crucifix* 11
cruel   *cruel* 3
crueldad   *cruelty*
cruz   *cross* 5
cruzada   *Crusade* 3
cruzar   *to cross* 2
cuadra   *(city) block* 13
cuadrado   *square* 13
cuadro   *picture*
cualquier   *whichever* 14
cuando   *when* 1; de vez en cuando   *from time to time* 12
cuanto   *so much; how much?* 26; en cuanto   *as soon as;* en cuanto a   *as far as . . . is concerned* 21; cuanto más . . . más   *the more . . . the more* 28
cuarenta   *forty*
cuartel   *barracks* 27
cuartelazo   *a barracks revolt*

cuarto   *room* 8; cuarto familiar   *family room*
cuatro   *four* 18
cubierto   *covered* 2
cubrir   *to cover* 10
cuentista   *story writer*
cuento   *story* 23
cuerda   *cord, rope* 2
cuerpo   *body, corps* 4; Cuerpo de Paz   *Peace Corps* 24
cuidado   *care*
cuidar   *to care for*
culminante   *culminating* 10
culpa   *fault* 23
cultivar   *to cultivate* 24
cultivo   *crop* 24
culto   *cultured* 18
cultura   *culture* 1
cultural   *cultural* 5
cumplir   *to complete, to fulfill* 3
cura   *priest* 17
curriculum   *curriculum* 16
curso   *course*
curva   *curve*

chaila   *(corn) husk*
chalina   *scarf* 14
charlar   *to chat* 28
chico   *boy* 10
chile   *Chile; chili* 7
chileno   *Chilean* 7
chiste   *joke*
chocar   *to shock, to collide*
choclo   *ear of corn*
chocolate   *chocolate; hot chocolate* 1
chola   *a country girl* 14
choque   *shock; collision* 3

danza   *dance* 11
daño   *harm*
dar   *to give* 2; dar ánimo   *to inspire, to "fire up"* 7; dar clase   *to teach* 8; dar de comer   *to feed* 8
dato   *fact* 18
de   *of* 1
debajo   *underneath* 6; debajo de   *under*
deber   *to ought to* 2
debido   *due* 1
decaer   *to decay* 2
decente   *decent* 9
decir   *to say, to tell* 2
decisión   *decision*
declarar   *to declare*
decorar   *to decorate* 15
decretar   *to decree* 25
decreto   *decree* 4
dedicación   *dedication*

dedicar   to dedicate 18
dedo   finger
defecto   defect 6
defender   to defend 14
defensor   defender 27
definitivamente   definitively 22
definitivo   definitive 11
dejar   to leave 7
delante   before 10
delegado   delegate
delegar   to delegate 6
delicado   delicate 14
demanda   demand 19
demás   the rest
demasiado   too much, too many 8
democracia   democracy 28
democrático   democratic 6
demostrar   to demonstrate 3
denso   dense
dentro   within 19
departamento   apartment 9
dependencia   dependence 13
depender   to depend 16
deporte   sport 9
deportivo   sporting
deposición   deposition
depósito   repository, depository 11
derecha   right (direction)
derecho   rights
derribar   to defeat, to bring down 27
derrotar   to defeat 3
desaparecer   to disappear 5
desarrollar   to develop 4
desarrollo   development 22
descalzo   barefoot 14
descansar   to rest
descendencia   descent, family tree 9
descendiente   descendent 2
desconcierto   disconcertment 27
desconocer   to ignore, to not know 7
desconocido   unknown 1
descontento   discontent 7
describir   to describe
descubrimiento   discovery 3
descubrir   to discover 6
descuidar   to neglect 9
desde   since 1
desdeñar   to disdain 19
desdoblar   to unfold
desear   to desire 8
desembocar   to flow out of 6
desenvolver   to develop, to unfold 6
desfavorable   unfavorable
desfilar   to march in review, to parade 17
desfile   parade 17

desforestación   deforestation 24
desgraciadamente   unfortunately 14
desierto   desert 1
desnudar   to denude, to undress
desnudo   nude 20
desnutrido   undernourished 14
desorden   disorder
despacio   slowly, slow
despertar   to awaken
desplegar   to unfold 5
despojo   privation 24
déspota   despot 21
después   after 4
destacar   to stand out 21
desterrar   to exile 24
destinado   destined
destituir   to dismiss from office 7
destruir   to destroy 5
desventaja   disadvantage
desviar   to go astray 18
desvivir   to barely eke out a living 27
detalle   detail 28
detener   to detain 25
detergente   detergent
detrás   behind 13
devastar   to devastate 19
día   day 1; día a día   day by day 24; hoy día   nowadays 4
diablo   devil
dialecto   dialect 3
diamante   diamond
diariamente   daily 11
diario (n.)   newspaper 17; (adj.)   daily
diccionario   dictionary
diciembre   December
dictador   dictator 27
dictadura   dictatorship
dictamen   decision (of a referee) 18
dictar   to dictate 27
dicho   saying
diez   ten 1
diferencia   difference 4
diferenciar   to be different 9
diferente   different 5
diferir   to differ 16
difícil   difficult 1
dificultad   difficulty 4
dignidad   dignity 6
dinero   money 8
diócesis   diocese
Dios   God, god 2
diosa   goddess 5
diputado   deputy, elected representative 28
dirección   direction 15
directiva   directive 20

dirigir *to direct*
discoteca *discotheque*
discriminación *discrimination* 4
discutir *to discuss* 28
disfraz *disguise* 17
disgusto *disgust*
disimular *to pretend, to dissimulate* 27
disminuir *to diminish* 27
dispersar *to disperse* 4
disponer *to dispose of, to have at one's disposal* 18
disposición *disposition* 20
disputa *dispute*
disputar *to dispute* 16
distancia *distance* 1
distinción *distinction*
distinguir *to distinguish*
distinto *distinct, different* 2
distraer *to distract*
distribución *distribution* 24
distribuir *to distribute* 24
distrito *district*
diversificar *to diversify* 24
diversión *diversion, fun, entertainment* 9
diverso *diverse, different* 1
divertir *to have a good time* 9
dividir *to divide* 2
divinidad *divinity, God* 4
divulgado *divulged* 20
divulgar *to divulge* 24
doblar *to fold* 14
doctrina *doctrine* 23
documento *document*
dólar *dollar*
doler *to ache, to hurt*
dolor *pain*
doméstico *domestic* 9
dominar *to dominate, to be in the majority* 8
domingo *Sunday* 18
dominio *dominion* 3
donde *where* 2
dondequiera *wherever* 18
dormir *to sleep* 28
dormitorio *bedroom* 13
dos *two* 1
drama *play* 11
dramático *dramatic*
ducha *shower*
duda *doubt* 21
dudar *to doubt* 5
duelo *grief* 11
dueña *duenna, chaperone* 10
dueño *owner* 4
dulce *sweet* 4
duque *duke* 3

duradero *long-lasting* 5
durante *during* 3
durar *to last* 6

e *and* 3
economía *economy* 19
económico *economical* 6
echar *to throw* 3
edad: Edad Media *the Middle Ages* 3
edición *edition* 13
edificación *process of building* 13
edificio *building* 1
educación *education* 8
educar *to educate* 8
educativo *pertaining to education; educational* 16
efectivamente *effectively, actually, really* 9
efecto *effect*
efectuar *to effect* 10
efervescencia *effervescence* 19
eficaz *effective*
ejemplo *example* 12; por ejemplo *for example* 12
ejercer *to exercise, to practice* 9
ejercitar *to train, to drill* 6
ejército *army* 7
elección *election* 28
eleccionario *pertaining to elections; electoral* 28
electricidad *electricity* 25
eléctrico *electric* 13
elefante *elephant*
elegante *elegant* 6
elegir *to choose, to elect* 16
elemental *elementary, elemental* 2
elemento *element* 5
elevar *to raise, to elevate* 4
eliminar *to eliminate* 5
embadurnado *besmeared, painted* 28
embanderar *to cover with flags* 17
embargo: sin embargo *nevertheless, however* 1
embellecer *to embellish, to beautify* 2
emblema *emblem* 15
emitir *to emit* 25
emoción *emotion* 4
emocional *pertaining to the emotions* 20
empedrar *to pave (specifically with stones)* 6
empezar *to begin* 2
emplear *to employ, to use* 15
empobrecido *impoverished* 25
emprender *to undertake* 7
empresario *impresario* 19
en *in, on, at* 1
enagua *slip (clothing)* 14
enamorado *in love, enamored* 10
enamorarse *to fall in love*

enarbolar to unfurl 18
encargar to entrust 6
encarnar to embody 27
encender to set fire to
encerrado enclosed 13
encontrar to find 1
encuentro encounter
enchilada enchilada (a Mexican food) 12
enemigo enemy 3
energía energy 25
enero January
énfasis emphasis 17
enfermedad illness 24
enfermera nurse
enfermo sick
enfocar to focus on 23
enfoque focus 23
enfrentamiento confrontation 16
enfurecido infuriated 18
engendrar to engender, to beget 7
enmascarar to mask, to disguise 17
enojado angry
enorgullecer to be proud 15
enorme enormous 4
enormemente enormously 12
enriquecer to become rich 12
ensayista essayist 23
ensayo essay 23
enseñar to teach, to show 6
entender to understand 2
entero whole, entire, complete 17
enterrar to bury 11
entierro burial 11
entonces then 2
entrar to enter 4
entre between, among 1
entretener to entertain 9
entrevista interview 10
entrevistar to interview 7
entusiasmo enthusiasm 17
enviar to send 21
envidiar to envy 21
envolver to wrap up 26
envuelto wrapped
épico epic 6
Epifanía Epiphany, the 6th of January (the arrival of the Wise Men in Bethlehem) 17
época epoch, time, age 12
equipo team 18
equivalente equivalent 15
equivocar to make a mistake; to be wrong 28
erótico erotic 20
error error
esbelto graceful, well-built, svelte 27
escapar to escape 10

escaparate store window; show window 14
escasez scarcity 9
escaso scarce 10
escena stage, scene 21; poner en escena to put on (a play) 19
esencialmente essentially 19
escenografía stage scenery 22
esclavitud slavery 4
esclavo slave 3
escoger to choose, to select 16
esconder to hide 21
escribir to write 6
escritor writer 11
escritura writing 2
escuela school 6; escuela normal teacher's college 16
esculpir to sculpt 20
escultor sculptor 20
escultórico pertaining to sculpture 20
escultura sculpture 20
ese (adj.) that 1; por eso therefore 1
esencia essence 23
esfuerzo effort 24
espacio space 11
espacioso spacious 15
espalda back
España Spain 3
español Spanish; Spaniard 2
especial special 2
especialidad specialty 16
especialización specialization 16
especializar to specialize 12
especialmente especially 4
específico specific 27
espectáculo spectacle; show 17
espera (n.) wait 11
esperanza hope 19
esperar to wait 8
espeso thick 15
espíritu spirit 17
esplendor splendor 21
esposo spouse 9
esqueleto skeleton 11
esquiar to ski
esquina street corner 6
establecer to establish 4
estación station; season 15
estadio stadium 18
estado state 2; ciudad estado city-state 2; Estados Unidos United States 3
estallido outbreak, explosion 7
estancia ranch, cattle ranch 8
estar to be 1; estar de acuerdo to agree 6; estar por to be about to 27
estatua statue 5
estatuto statute, law 18

estereotipo *stereotype* 14
estético *esthetic* 21
estilo *style* 6
estimación *esteem*
estratificación *stratification* 8
estrato *strata* 25
estrecho *narrow; strait;* Estrecho de Bering *Bering Strait* 2
estrella *star* 19
estrenar *to premiere* 22
estrictamente *strictly* 8
estricto *strict* 8
estrofa *verse, poem* 18
estructura *structure* 15
estudiante *student* 16
estudiantil *pertaining to students* 16
estudiar *to study* 7
estudio *study*
estupendo *stupendous, fantastic, tremendous* 27
etcétera *etc.* 22
europeo *European* 3
evidenciar *to make evident* 4
evidente *evident* 4
evidentemente *evidently* 18
evitar *to avoid* 24
evocar *to evoke* 4
evolucionar *to evolve* 8
exactamente *exactly* 16
exaltación *exaltation* 21
examen *examination* 16
examinar *to examine* 1
excavación *excavation* 20
excelente *excellent*
excepción *exception* 2
excepto *except* 9
exceso *excess* 3
exclusivamente *exclusively* 19
exiliar *to exile*
existencia *existence* 9
existente *existent* 24
existir *to exist* 4
éxito *success* 7
exótico *exotic* 1
expander *to expand* 18
expedición *expedition* 3
experimentación *experimentation* 24
experimental *experimental* 19
experimentar *to experiment* 23
experto *expert*
explicar *to explain* 23
explorar *to explore* 6
explosión *explosion*
explotación *exploitation, use*
explotador *exploiter* 24

explotar *to exploit, to use* 25
exponer *to expose*
exportar *to export* 26
exposición *exposition*
expresar *to express* 4
expresión *expression* 1
expulsar *to expel* 3
extender *to extend* 3
extensión *extension* 1
extraer *to extract* 1
extranjero *foreigner* 11
extraño *strange* 1
extremo *extreme* 1
extrovertido *extrovert; extroverted* 17
exvoto *religious offering* 22

fábrica *factory* 10
fabricación *building*
fabuloso *fabled; fabulous* 3
facción *faction*
fácil *easy* 5
facilidad *ease, facility* 5
fácilmente *easily* 15
falda *skirt* 14
falta *fault; lack* 25; hacer falta *to be lacking, to need* 7
faltar *to lack* 4
fallecer *to die* 11
fallecimiento *death* 11
fama *fame* 4
familia *family* 5
familiar *pertaining to the family* 9; cuarto familiar *family room*
famoso *famous* 12
fanático *fanatic*
fanatismo *fanaticism* 3
farol *street light (especially the old-fashioned gas type)* 6
fascinar *to fascinate* 22
fastuosidad *ostentation, pomp* 22
favorecer *to favor* 24
favorito *favorite* 12
fe *faith* 3
febrero *February*
fecha *date* 14
federación *federation* 2
feliz *happy* 17
femenino *feminine* 10
fenómeno *phenomenon* 2
feo *ugly*
feria *fair, trade fair* 26
feroz *ferocious*
fertilidad *fertility* 24
festejar *to celebrate* 17
festival *festival* 17
festividad *festivity* 17

feudal *feudal* 23
fidelidad *fidelity, faithfulness*
fiesta *party, celebration* 10
figura *figure* 9
fijar: fijarse en *to notice* 28
filmar *to film* 19
filosofía *philosophy* 25
filosófico *philosophical* 23
filósofo *philosopher*
fin *end, ends* 19; (a) fines de (*at*) *the end of* 4; por fin *finally* 3
final *final*
finalidad *finality* 20
finalmente *finally* 15
finca *farm, ranch* 24
firmar *to sign* 25
firme *firm*
firmemente *firmly* 4
físico *physical* 18
flauta *flute* 22
flecha *arrow* 15
flor *flower* 11
florecer *to flower* 20
flotar *to float*
folklore *folklore* 22
folklórico *folkloric* 22
fondo *background* 14; a fondo *in depth* 23
forjado: hierro forjado *wrought iron* 13
forma *form* 4
formalizar *to formalize* 10
formar *to form* 1
fortuna *fortune* 4
foto *photograph*
fotográfico *photographic*
fotógrafo *photographer*
fracaso *failure* 27
frágil *fragile* 15
fragmento *fragment*
fraile *monk, friar* 22
francamente *frankly* 8
francés *French; Frenchman* 7
franciscano *Franciscan*
frase *sentence, phrase*
fraternidad *fraternity* 16
freno *brake* 15
frente *front; forehead* 13; frente a frente *face to face* 3
fresco *fresh* 26
frijol *bean* 12
frío *cold* 1; hacer frío *to be cold*
frontera *border* 12
frustración *frustration* 27
fruta *fruit* 24
fruto *fruit* (*figurative*)
fuego *fire* 17
fuente *fountain* 8

fuera *outside* 9
fuerte *strong* 2
fuerza *force, strength* 3
función *function* 12
funcionar *to function, to work* 27
fundamental *fundamental* 9
fundamento *foundation, basis* 24
fundir *to melt* (*metals*) 20
fúnebre *funereal, gloomy* 11
funeral *funeral* 11
fútbol *soccer* 18
futbolista *soccer player*
futuro *future* 7

gabinete *cabinet* 17
gachupín *Spaniard* (*derogatory*) 7
gala *gala, festive* 17
galán *suitor* 10
galería *gallery* 11
gallina *hen* 26
gallo *rooster*
ganadería *cattle*
ganador *winner* 28
ganancia *winning* 25
ganar *to win, to earn* 7
garantizar *to guarantee* 20
gastar *to spend*
gasto *expense* 9
gato *cat*
gaucho *gaucho* 6
generación *generation* 27
generador *generator* 25
general *general* 4; en general *generally*; por lo general *generally* 8
generalización *generalization* 16
generalmente *generally* 10
generar *to generate* 25
género *genre* 19
gente *people* 1
geografía *geography* 16
geográfico *geographic* 1
gigantesco *gigantic* 20
gimnasia *gymnastics* 18
gobernar *to govern* 6
gobierno *government* 2
gol *goal* (*in sports*) 18
golf *golf* 18
golosina *a sweet, a "goody"* 18
golpe *blow; coup*
gozar *to enjoy* 16
grabador *engraver* 21
gracia *grace; humor*
grado *degree* 15
gramática *grammar* 16
grande *big; great* 1
granja *grange, farm* 24

grano *grain*
gratitud *gratitude*
Grecia *Greece* 20
griego *Greek* 18
grito *shout* 6
grupo *group* 2
guacamole *guacamole (a Mexican food)*
guaraní *Guaraní (an Indian people)* 22
guardar *to guard* 27
guardarropas *closet* 13
guerra *war* 3
guerrero *warrior; pertaining to war* 22
guiar *to guide*
guitarra *guitar* 22
guitarrista *guitar player* 22
gustar *to please* 12
gusto *taste* 13

habanera *a "Latin" dance* 22
haber *to have (aux. v.)* 1
hábil *skillful* 22
habitación *room* 11
habitante *inhabitant* 1
habitar *to inhabit* 24
habitual *habitual* 26
habituar *to accustom* 22
hablar *to talk, to speak* 7
hacer *to do, to make* 1; hacer calor *to be warm;* hacer cola *to wait in line* 19; hacer falta *to lack* 7; hacer frío *to be cold;* hacer papel *to play the role* 13
hacia *toward* 3
hacienda *farm, ranch*
halo *halo* 11
hambre *hunger* 24
harapiento *ragged* 14
harina *flour* 12
hasta *until* 11
hay *there is, there are* 1; hay que *one must, it is necessary to* 9
hazaña *deed, exploit* 3
he: he aquí *here is, here are*
hebreo *Hebrew*
hecho *fact* 8
helado *ice cream* 17
helar *to freeze*
hemisferio *hemisphere* 1
heredar *to inherit* 2
heredero *heir* 6
hereje *heretic* 3
herencia *inheritance* 15
herir *to wound* 18
hermandad *brotherhood* 15
hermano *brother* 2
hermético *hermetic* 23
hermoso *beautiful* 6

héroe *hero* 7
heroico *heroic* 21
hervir *to boil* 12
hidalgo *nobleman* 3
hidráulico *pertaining to water* 24
hidrógeno *hydrogen*
hielo *ice* 2
hierba *grass*
hierro *iron* 15; hierro forjado *wrought iron* 13
higiene *hygiene* 26
hijo *son* 3
hilo *thread, string* 27
hispánico *Hispanic* 3
Hispanoamérica *Spanish America* 1
hispanohablante *speaker of Spanish* 27
historia *history* 3
historiador *historian* 6
histórico *historic*
hogar *home* 9
hoja *leaf* 12
hombre *man* 1
honesto *decent, proper, honorable* 9
honor *honor* 4
honra *honor* 7
honrar *to honor* 5
hora *hour* 6
hormiga *ant*
hormiguero *anthill, swarm* 18
horno: Cabo de Hornos *Cape Horn* 1
horrible *horrible*
horror *horror* 11
hospital *hospital*
hostil *hostile* 7
hoy *today* 2; hoy día *nowadays* 4
huarache *sandal* 14
huelga *strike* 16
hueso *bone; seed* 22
huevo *egg* 12
huir *to flee* 7
humanidad *humanity, mankind* 3
humano *human* 1
humilde *humble* 12
humillar *to humiliate*
hundido *sunken* 25

iberoamericano *Latin American* 23
ida *departure* 18
idea *idea* 5
ideal *ideal* 9
ideario *body of ideas, a philosophy* 7
identificar *to identify* 5
ideológico *ideological* 28
idioma *language* 6
ídolo *idol* 5
iglesia *church* 5

igual *equal* 2
igualmente *equally* 5
ilícito *illegal, illicit* 8
ilimitado *unlimited* 22
iluminación *illumination, lighting* 25
iluminar *to illuminate, to light up*
ilustrar *to illustrate*
imagen *image* 5
imaginativo *imaginative* 20
imaginero *maker of images* 20
impecable *impeccable* 14
impedir *to impede, to prevent* 1
impenetrable *impenetrable* 1
imperar *to reign, to rule* 20
imperialismo *imperialism*
imperio *empire*
impersonal *impersonal* 16
imponer *to impose* 25
importación *importation*
importancia *importance* 2
importante *important* 1
importar *to import* 7
imposible *impossible* 1
impotente *powerless* 18
impregnación *impregnation* 21
impregnar *to impregnate* 5
impresionante *impressive* 7
impresionar *to impress* 13
improvisado *improvised, makeshift*
impulsar *to impel* 20
inactividad *inactivity* 27
inaugurar *to open up* 15
inauténtico *not authentic* 23
inca *the Inca people; The Inca (ruler)* 2
incaica *Incan*
incidente *incident* 18
inclinación *inclination*
inclinar *to incline* 27
incluir *to include* 12
inclusión *inclusion*
incluso *including* 15
incomprensible *incomprehensible* 20
inconveniente *inconvenience* 19
incorporar *to incorporate* 24
increíble *incredible* 3
incrementar *to increase* 24
independencia *independence* 7
independiente *independent* 7
independizar *to liberate* 7
indeseable *undesirable*
India *India* 2
indicar *to indicate, to point out* 15
indiferencia *indifference* 7
indígena *native* 2
indio *(American) Indian* 1

indiscutido *undisputed* 9
indispensable *indispensable* 24
individualismo *individualism* 6
individuo (*n.*) *individual* 2
industria *industry* 15
industrial *industrial* 25
industrialización *industrialization* 25
industrializar *to industrialize* 24
ineficaz *inefficient* 24
inercia *inertia* 19
inesperado *unexpected* 15
inexplorado *unexplored* 22
infancia *infancy*
inferior *inferior* 3
infiel *infidel* 3
infinidad *infinity, a lot* 18
inflación *inflation* 8
influencia *influence* 4
infusión *brew* 12
inglés *English* 14
ingresar *to matriculate* 16
ingreso *matriculation* 16
iniciación *beginning* 10
iniciar *to begin* 3
injuriado *offended*
injusticia *injustice* 6
injusto *unjust* 24
inmediatamente *immediately* 14
inmenso *immense* 3
inmigrante *immigrant* 4
inmoral *immoral* 22
innovación *innovation* 13
innovador *innovator* 23
innumerable *innumerable* 14
inquietud *uneasiness*
inquisición *inquisition* 3
insignificante *insignificant* 28
inspección *inspection*
inspiración *inspiration* 20
inspirar *to inspire* 21
instalar *to install* 28
institución *institution* 11
instrucción *instruction*
instrumento *instrument* 6
insulto *insult* 18
integrar *to form, to make up* 25
íntegro *whole* 28
intelectual *intellectual* 19
inteligente *intelligent*
inteligible *intelligible*
intención *intention* 3
intenso *intense* 1
intentar *to try* 23
intercambio *interchange* 1
interés *interest* 6

interesante *interesting* 20
interesar *to interest* 18
interior *interior* 13
interminable *endless* 10
internacional *international* 15
internacionalista *internationalist*
interno *internal* 28
interpretar *to interpret* 20
interrumpir *to interrupt* 27
intersección *intersection*
intervenir *to take part in* 7
íntimo *intimate* 11
introducir *to introduce into* 4
introvertido *introvert* 23
inundación *flood* 24
inútil *useless* 5
invadir *to invade* 7
invasión *invasion*
invasor *invader* 7
inverso *opposite* 12
invertir *to invest* 25
investigación *research* 12
invierno *winter* 13
invisible *invisible* 7
invitar *to invite* 6
ir *to go* 1
ironía *irony* 4
irremediablemente *unavoidably* 25
irrigación *irrigation* 25
irritar *to irritate* 25
isla *island* 2
Italia *Italy* 12
italiano *Italian* 19
izquierda *left*
izquierdista *leftist*

jabón *soap*
jamás *never* 28
jardín *garden* 13
jefe *chief; boss* 2
jerarquía *hierarchy* 6
jeroglífico *hieroglyphic* 2
jesuita *Jesuit* 20
joven *young; young person* 5
jubilación *pension* 27
jubilar *to retire (from work)*
judío *Jew; Jewish* 3
juego *game* 15
jugador *player* 18
jugar *to play* 17
juglar *minstrel* 6
julio *July*
junta *junta* 7
juntar *to join, to unite* 18
junto *together* 1
jurar *to swear*

jurisdicción *jurisdiction*
justamente *precisely* 9
justicia *justice* 6
justificar *to justify* 27
justo *just* 13
juventud *youth* 9
juzgar *to judge* 3

laberinto *labyrinth* 23
labio *lip*
labrador *farmer; farm worker* 3
labrar *to farm* 12
lado *side*
ladrillo *brick* 13
lago *lake* 12
laguna *lagoon* 18
lamentablemente *regrettably* 28
lamento *lament* 11
lanzar *to throw* 17; lanza-perfume *a device which is thrown at someone and which releases a small amount of perfume when it strikes* 17
largo *long* 1
lata *(tin) can* 26
latifundio *a large landed estate* 24
latín *Latin (language)* 3
latino *adj. Latin* 4
laurel *laurel* 18
lavado *a washing*
lavandería *laundry*
lavaplatos *dishwasher* 13
lavar *to wash* 13
leal *loyal* 7
lealtad *loyalty* 7
lección *lesson*
lechada *a thin coating* 13
leche *milk* 26
lechería *dairy; store selling dairy products* 26
leer *to read* 6
legítimo *legal, legitimate* 6
lejano *far-off, remote* 1
lejos *far* 3
lema *motto, slogan* 24
lengua *language* 2
lenguaje *language* 6
lento *slow* 6
letra *letter of the alphabet* 16
letrero *sign* 15
levantar *to raise, to lift up* 5
ley *law* 3
leyenda *legend* 3
liberal *liberal*
liberar *to liberate* 6
libertad *liberty* 7
libertador *liberator* 7
libertar *to free, to liberate* 7

187

libra *pound*
libre *free* 4; al aire libre *in the open air* 18
librería *bookstore*
libro *book* 10
limitar *to limit* 27
limón *lemon*
limpiar *to clean* 13
lindeza *a pretty thing* 10
lindo *pretty*
línea *line* 1
liquidar *to liquidate; to liquify*
líquido *liquid*
liso *smooth* 21
lista *list* 28
literario *literary* 23
literatura *literature* 9
litografía *lithograph*
local *place* 19
localidad *seat in a theater* 19
lógico *logical* 28
lograr *to achieve* 4
lomo *back (of an animal)* 15
Londres *London* 14
lucir *to show off, to wear for the first time* 14
lucha *fight* 3
luchar *to fight* 2
luego *then, later* 7
lugar *place* 1
lujo *luxury* 12
lujoso *luxurious* 27
luminoso *bright* 17
luna *moon;* luna de miel *honeymoon* 10
luz *light* 3

llama *llama* 2
llamada *(telephone) call* 1
llamar *to call* 2
llanto *weeping, grief* 11
llanura *plain* 1
llegada *arrival* 21
llegar *to arrive* 1; llegar a ser *to become* 3
llenar *to fill* 18
lleno *full* 19
llevar *to carry, to take* 1; llevar a cabo *to carry out* 7
llorar *to cry*
llover *to rain*
llovizna *drizzle*
lluvia *rain* 1

maceta *flower pot*
machismo *the masculine attitude of complete "manliness" in everything* 9
macho *masculine, manly* 9
madera *wood* 13
madre *mother* 5

madreperla *mother-of-pearl* 20
madrugada *dawn, daybreak* 26
madurez *maturity* 22
maduro *mature*
maestro *teacher* 8
magia *magic* 4
mágicamente *magically*
mágico (*adj.*) *magic* 23
magistral *masterly* 21
magnífico *magnificent* 2
maíz *corn* 2
majestuosidad *majesty* 20
majestuoso *majestic* 1
mal (*n.*) *evil, harm* 25
malo *bad* 7
maltrato *bad treatment* 3
mamá *mother* 9
manchado *stained*
mandar *to command; to send* 3
mandato *mandate* 28
manejar *to direct, to drive* 27
manera *manner, way* 20; de manera que *so, so that* 10
maní *peanut* 24
manifestación *manifestation; demonstration* 4
manifestar *to manifest, to make evident, to expose* 20
manifiesto *evident* 21
mano *hand* 24; de mano *handmade*
manso *gentle, tame* 4
mantener *to maintain* 2
manual *manual, by hand* 3
manufacturar *to manufacture* 26
manufacturero (*adj.*) *manufacturing* 25
mañana *morning; tomorrow* 11
mapa *map* 1
máquina *machine* 14
maquinaria *machinery* 13
mar *sea* 1
maravilla *marvel*
maravillar *to marvel at*
maravilloso *marvelous* 20
marido *husband* 9
marina *navy* 27
marquesa *marquise* 17
martini *martini*
mártir *martyr* 20
más *more* 1; cada vez más *more and more all the time* 24; cuanto más . . . más *the more . . . the more* 28
masa *mass (the people); a corn meal used in Mexican cooking* 21
máscara *mask* 20
masculino *masculine* 9
matambre *stuffed flank steak*
matar *to kill*

mate *maté, a drink made of the leaves of a plant found in southern South America* 12
matemática *mathematics* 2
matemático *mathematical* 22
materia: materia prima *prime materials* 25
material *material, equipment* 14
matinée *matinée* 19
matiz *shade* 21
matriarcado *matriarchy* 9
máximo *greatest, maximum* 17
maya *Maya* 2
mayo *May*
mayor *bigger, greater, older* 2
mayoría *majority* 6
mayormente *greatly* 4
mecánico *mechanical* 25
mecanización *mechanization*
mecanizar *to mechanize* 24
medianoche *midnight* 17
medicina *medicine* 16
médico *doctor* 8
medida *measure* 20; a medida que *as* 6
medieval *medieval* 19
medio *half* 5; Edad Media *Middle Ages* 3
medio *means* 15; por medio de *by means of* 2
medir *to measure*
mejor *better* 2
mejora *improvement* 8
mejorar *to improve* 24
melodía *melody* 22
melódico *melodic* 22
melodioso *melodious* 22
memoria *memory* 7
mencionar *to mention*
menor *lesser, smaller, younger* 2
menos *less* 1; por lo menos *at least* 27
mensaje *message* 15
mensajero *messenger* 2
mentalidad *mentality* 5
mente *mind* 18
mentira *lie*
menú *menu* 24
menudo *small, common, everyday* 26
mercadería *merchandise* 26
mercado *market* 26
mercancía *trade* 2
mercantilismo *mercantilism* 25
merecer *to deserve* 3
mes *month* 10
mesa *table* 17
mestizo *of half-Indian and half-European blood* 7
metáfora *metaphor* 23
metal *metal* 3
método *method* 24

mexicano *Mexican* 5
mezcla *mixture* 4
mezclar *to mix* 12
miedo *fear*
miembro *member* 11
mientras *while* 4
miércoles *Wednesday*
migración *migration* 2
mil *thousand* 24
milagro *miracle* 5
militar (*adj.*) *military* 17; (*n.*) *military man, soldier* 27
milla *mile* 1
millón *million* 1
mina *mine* 3
mineral *mineral* 21
miniatura *miniature*
minifalda *mini-skirt* 14
mínimo *slightest, least* 28
ministro *minister (political)* 27
minuto *minute* 2
mirada *look, glance* 10
mirar *to look at* 1
misa *Mass* 11
miserable *miserable* 8
mísero *miserly, stingy* 27
misionero *missionary* 1
mismo *same* 4
misterio *mystery* 1
misterioso *mysterious* 20
misticismo *mysticism* 21
místico *mystic* 6
mitad *half* 16
mito *myth* 20
moda *fashion* 14
modelo *model* 20
moderno *modern* 3
modificación *modification* 13
modificar *to modify* 18
modista *modiste, dressmaker* 14
modo *manner, way* 3
molestar *to bother* 21
momento *moment* 3
monasterio *monastery*
moneda *coin, money* 20
monja *nun* 10
monje *monk* 5
monocultivo *monoculture (cultivation of one crop)* 24
monocultura *monoculture (cultivation of one crop)* 24
monopolio *monopoly* 25
montaña *mountain* 1
montañoso *mountainous* 1
montar *to mount, to undertake, to start* 25
monumental *monumental* 15

monumento *monument* 7
morada *dwelling place* 11
moreno *dark, brown, brunette* 4
morir *to die* 1
moro *Moor* 3
mortaja *shroud, winding sheet* 11
mosaico *mosaic, tile* 13
mostrar *to show* 22
mote *motto*
motor *motor*
mover *to move* 22
movimiento *movement* 7
mozo *young man* 10
muchacho *boy* 10
mucho *much, a lot* 1
mueble *furniture* 11
muerte *death* 3
muerto (*adj.*) *dead;* (*n.*) *a dead person*
muestra *sample* 22
mujer *woman* 5
mula *mule* 15
multicolor *multicolored*
multiplicar *to multiply* 9
mundial *of the world* 18
mundo *world* 1
municipalidad *city* 11
mural *mural; pertaining to a wall* 11
muralismo *the painting of murals* 21
muralista *muralist, one who paints murals* 21
muro *wall* 15
museo *museum* 20
música *music* 4
musical *musical* 22
músico *musician*
musulmán *Moslem* 5
muy *very* 1

nacer *to be born* 1
naciente *incipient* 21
nación *nation* 2
nacional *national* 8
nacionalismo *nationalism* 25
nacionalista *nationalist* 14
nacionalización *nationalization*
nacionalizar *to nationalize* 25
nada *nothing* 2
nadar *to swim*
nadie *no one* 4
narrar *to narrate* 6
narrativa *narrative* 23
natación *swimming* 18
nativo *native* 2
natural *natural*
naturaleza *nature* 2
naturalmente *naturally* 3

Navidad *Christmas* 17
necesario *necessary* 6
necesidad *necessity* 24
necesitar *to need* 1
negocio *business* 4
negro *black; Negro* 4
neoclasicismo *neoclassicism* 21
neoclásico *neoclassic* 20
netamente *purely, completely* 23
nevar *to snow* 1
ni *nor* 1; ni . . . ni *neither . . . nor* 9
nicho *niche* 11
nieto *grandchild* 9
ninguno *none* 9
niño *child* 9
nivel *level* 8
no *no, not* 1; no obstante *however, nevertheless, in spite of* 4
noble *noble* 3
nobleza *nobility* 3
noción *notion, idea* 16
noctámbulo *nocturnal* 19
nocturno (*adj.*) *night, nocturnal* 19
noche *night* 11
nombrar *to name* 6
nombre *name* 6
nórdico *Nordic* 6
normal: escuela normal *teacher's college* 16
norte *north* 7; América del Norte *North America; the United States* 1
norteamericano *North American; a resident of the United States* 7
nostalgia *nostalgia* 4
notable *notable* 2
notablemente *notably* 22
notar *to note* 13
noticia *news* 27
novela *novel* 23
novelista *novelist*
novia *bride*
noviazgo *engagement* 10
noviembre *November* 11
novio *boyfriend, sweetheart* 10
núcleo *nucleus* 28
nudo *knot* 2
nuevamente *newly* 20
nueve *nine*
nuevo *new* 1
número *number* 2
numeroso *numerous* 3
nunca *never* 14
nutrir *to nourish*
nutritivo *nourishing* 12

o *or* 1; o . . . o *either . . . or* 8
obedecer *to obey* 9

obispo   bishop 5
objeto   object 20
obligar   to obligate 3
obligatorio   obligatory 16
obra   work 19
obrero   worker (implies manual work)
observar   to observe 5
obstáculo   obstacle 1
obstante: no obstante   nevertheless, however, in spite of 4
obtener   to obtain, to get 21
ocasión   occasion, opportunity, chance 17
occidental   Western 1
océano   ocean 1
octubre   October 17
ocupar   to occupy 2
ocurrir   to occur 5
ocho   eight
oda   ode 18
odio   hatred 7
oeste   west 1
oficial   official 6
oficiar   to officiate (implies a religious function) 17
oficina   office 18
ofrecer   to offer 6
ofrenda   offering 20
oír   to hear 3
ojo   eye 28
oligarquía   oligarchy 8
olimpiada   Olympiad 18
olvidar   to forget
olla   pot 12
omnisciente   omniscient 27
ópera   opera 22
opinión   opinion 15
oponer   to oppose
oportunidad   opportunity 4
oposición   opposition 28
oprimido   oppressed
orden   order 27
organización   organization 3
organizar   to organize 5
orgullo   pride 14
orientación   orientation 21
oriental   Oriental
origen   origin 3
original   original 19
originar   to originate 8
originariamente   originally 18
originario   native 2
orilla   shore, bank 17
ornamentación   ornamentation 20
oro   gold 1
orquesta   orchestra 17
oso   bear 17

ostentación   ostentation 9
ostentar   to show, to display 21
otoño   autumn
otro   other, another 1
oxidar   to rust 27
oxígeno   oxygen 1

pacientemente   patiently 15
pacífico   peaceful 27
pacto   pact
padre   father; priest 3
paga   pay
paganismo   paganism 5
pagano   pagan 5
pagar   to pay 11
página   page 4
país   country, nation 1
paisaje   landscape 21
paisana   country girl 14
paja   straw 14
pájaro   bird
palabra   word 3
palacio   palace 21
palco   grandstand 17
pan   bread 11
panadería   bakery 26
panameño   Panamanian
panamericano   Pan-American 15
panorámico   panoramic 23
pantalla   screen
pantalón   pants 14
panteón   mausoleum 11
papa   potato 12
papel   paper 4; hacer papel   to play a role 13; papel picado   confetti 17
par   pair 10; a la par   on a par
parecer   to seem 5
pared   wall 2; de pared a pared   wall to wall 14
pareja   couple 10
parque   park 13
párrafo   paragraph
parte   part, place 1
participar   to participate 3
particular   particular, private 3
particularmente   particularly 14
partidario   partisan 28
partido   (political) party 18
partir   to part, to leave 6
pasadillo   hallway
pasado   past 1
pasar   to happen 5
pase   pass, change 5
pasear   to stroll 17
paseo   walkway; a stroll 17
pasión   passion 17

191

pasional *pertaining to the emotions* 10
paso *step* 15
pasto *pasture*
paternalista *paternalistic* 8
patio *patio* 13
patria *fatherland* 4
partriarcado *patriarchy*
patriótico *patriotic* 21
patrón: santo patrón *patron saint* 5
paz *peace* 11; Cuerpo de Paz *Peace Corps* 24
pecado *sin* 5
peculiaridad *peculiarity* 26
pecho *breast* 7
pedazo *piece*
pedir *to ask for* 10
pedregoso *stony* 15
pelear *to fight* 8
película *movie, film* 19
peligro *danger* 1
peligroso *dangerous* 15
pelo *hair* 2
pelota *ball* 18
peludo *armadillo* 22
penetrar *to penetrate* 1
peninsular *Spaniard* 7
penitencia *penance* 5
pensador *thinker* 7
pensamiento *thought* 21
pensar *to think* 3
peor *worse* 24
pequeño *small* 1
percibir *to perceive* 22
percusión *percussion* 22
perder *to lose* 1
pérdida *loss* 23
peregrino *pilgrim* 17
perfume *perfume*
periódico *newspaper*
período *period, epoch* 6
perla *pearl*
permanecer *to remain, to stay* 28
permanente *permanent* 26
permanentemente *permanently* 25
permiso *permission* 10
permitir *to permit* 8
pero *but* 1
perro *dog*
persistente *persistent* 24
persona *person* 5
personaje *character in a play, movie, book, etc.* 21
personalmente *personally* 6
pertenecer *to belong to* 2
perteneciente *belonging to*
peruano *Peruvian*

pesado *heavy* 15
pésame *condolences* 11
pesar *to weigh*; a pesar de *in spite of* 3
pesca *fishing* 12
pescado *fish (implies a caught fish)* 12
peso *weight* 28
petróleo *oil; petroleum* 25
petrolero *pertaining to oil* 25
pez *fish (implies one not yet caught)*
piano *piano*
picante *(spicy) hot* 12
picnic *picnic*
pie *foot* 1
piedra *rock* 2
piel *skin* 2
pierna *leg* 9
pieza *piece* 15
pincel *(artist's) paintbrush* 21
pintado *painted*
pintar *to paint* 11
pintor *painter* 21
pintura *painting* 21
pirámide *pyramid*
pirata *pirate* 1
piropo *flirtatious remark* 10
piscina *swimming pool* 18
pito *whistle, flute* 22
pizarra *blackboard*
planear *to plan* 27
planificar *to plan* 24
plano *plane, flat* 23
planta *plant* 1; *floor plan*
plantación *plantation* 4
plantado *planted*
plástico *plastic* 20
plata *silver* 1
plátano *banana* 26
plato *dish* 12
plaza *plaza* 17
población *population* 1
poblado *populated* 27
poblar *to populate*
pobre *poor* 4
pobreza *poverty* 13
poco *little; few* 1; poco a poco *little by little* 16
poder (v.) *to be able* 1; (n.) *power* 6
poderoso *powerful* 5
poema *poem*
poesía *poetry; poem* 23
poeta *poet* 18
policía (m.) *policeman* 15; (f.) *police force* 16
policromado *polychromed* 20
policromar *to polychrome*
politeísta *polytheistic* 5

política *politics; policy* 8
político *political; politician* 2
polvo *dust*
poncho *poncho* 5
poner *to put, to place* 4; ponerse *to put on;* poner en escena *to produce a play* 19
popular *popular; pertaining to the people* 17
por *by, through, for, by way of* 1; por ciento *percent* 16; por ejemplo *for example* 12; por el contrario *on the other hand* 1; por eso *therefore* 2; por fin *finally* 3; por lo común *commonly* 13; por lo general *in general* 8; por lo menos *at least* 27; por lo tanto *therefore, for that reason* 8; por medio de *by means of* 2; por qúe *why?*
porcentaje *percentage* 16
porción *portion*
porque *because* 3
portador *carrier, bringer* 27
portar *to carry*
poseer *to possess* 8
posesión *possession* 6
posibilidad *possibility* 3
posible *possible* 1
posiblemente *possibly*
posición *position* 8
poste *post, pole*
posterior *later, subsequent* 24
posterioridad *posterity* 7
postura *posture, attitude, stand*
práctica *practice* 4
prácticamente *practically* 17
practicar *to practice* 2
práctico *practitioner* 28
precario *precarious* 28
preciado *prized* 14
precio *price* 25
precioso *precious* 3
precipicio *precipice* 15
precisamente *exactly, precisely* 24
precisión *precision* 2
precolombino *Pre-Columbian* (*i.e., before the arrival of Columbus*) 13
predicar *to preach* 5
predominar *to predominate*
preferir *to prefer* 15
pregunta *question* 28
preguntar: preguntarse *to wonder*
prejuicio *prejudice*
premio *prize* 17
prenda *garment*
prensa *the press* 27
preocupación *preoccupation, worry* 8
preocupar *to preoccupy, to worry* 4
preparar *to prepare* 7
presencia *presence* 10
presentación *presentation*

presentar *to present* 3
presente *present* 11
presentir *to foresee* 11
presidente *president* 6
presidir *to preside* 6
presión *pressure* 28
prestigio *prestige* 8
presupuesto *budget* 27
pretender *to pretend to, to try to* 3
pretexto *pretext* 7
previsto *foreseen*
primario *primary* 10
primavera *Spring*
primero *first* 1
primitivo *primitive* 1
primordial *primordial* 4
principal *principal, main* 12
principalmente *principally* 14
principio: a principios de *at the beginning of* 19
prisionero *prisoner*
privación *privation*
privar *to deprive* 16
privilegiado *privileged* 27
privilegio *privilege* 27
probablemente *probably* 1
probar *to test, to try, to prove* 6
problema *problem* 6
procesión *procession* 17
procrear *to procreate*
producción *production, yield* 19
producir *to produce* 1
producto *product* 1
productor *producer* 25
profano *worldly* 20
profesar *to profess* 5
profesional *professional* 25
profesor *professor* 16
profundo *profound* 2
programa *program* 22
progresar *to progress* 4
progreso *progress* 8
prohibir *to prohibit* 6
promesa *promise* 6
pronóstico *forecast, prognostication* 18
pronto *quick, prompt* 21; de pronto *suddenly* 7
pronunciación *pronunciation* 16
propaganda *propaganda, advertising* 23
propagar *to propagate* 3
propiedad *property* 3
propio *proper, natural, same* 4
proponer *to propose* 28
propósito *purpose*
proscripto *forbidden, outlawed* 27
prosperar *to prosper* 24

193

protección   *protection*   3
proteger   *to protect*   9
protesta   *protest*   3
protestante   *protestant*   5
proveer   *to provide*   20
provenir   *to come from*   20
provincia   *province*
provocar   *to provoke, to incite, to stimulate*   7
próximo   *next*   18
proyectar   *to project*   23
proyecto   *project*   3
proyectora   *movie projector*
psicoanalítico   *psychoanalytical*   23
publicar   *to publish*   21
público   *public*   6
puchero   *stew*   12
pueblo   *town; a people*   1
puente   *bridge*   2
puerta   *door*   10
puerto   *port*   26
pues   *well, anyhow*   8
puesto   *position, job; stand (at which things are sold)*   7
pujante   *forceful, strong, powerful*   8
pulgada   *inch*   1
pulmón   *lung*
púlpito   *pulpit*   20
punto: punto de vista   *point of view*   23
puramente   *purely*
puro   *pure*   2

quedar   *to remain*   3; quedarse con   *to have left, to be left with*
quehacer   *duty*   28
quejar   *to complain*
quena   *Indian flute*
querer   *to wish, to want*   5
queso   *cheese*   12
quien   *who, whom*   6
química   *chemistry*
químico   *chemical; chemist*   25
quince   *fifteen*   19
quipo   *quipu, colored knotted cords used by Incas instead of writing*   2
quitar   *to remove, to take away*   9
quizá   *perhaps*   2

racial   *racial*   4
radio   *radio*   1
radiografía   *X-ray*   23
raíz   *root*   4
rama   *arm, branch*   27
rancho   *ranch*   8
rango   *rank*   4
rápidamente   *rapidly*   15
rápido   *rapid*   25

raro   *rare, strange*   1
rascacielos   *skyscraper*   13
rascar   *to scratch*
rasgo   *trace, characteristic*
rato   *while*   18
rayo: rayo X   *X-ray*
raza   *race (of people)*   2
razón   *reason*   7
real   *royal*   6
realidad   *reality*   3
realismo   *realism*   20
realizar   *to bring about, to realize*   7
realmente   *really*   1
rebelar   *to rebel*   7
rebeldía   *rebelliousness*   6
rebelión   *rebellion*   7
rebotar   *to bounce*   18
rebozo   *shawl*
recargado   *overdone, overwrought*   20
receta   *recipe*   12
recibir   *to receive*   6
recién: recién casados   *newlyweds*
reciente   *recent*   26
recientemente   *recently*
recitar   *to recite*
reclamar   *to claim, to reclaim, to demand*   11
recoger   *to gather, to pick up*   5
recogida   *the gathering*
recogimiento   *harvest*
reconocer   *to recognize*   7
reconocido   *recognized*   24
recordar   *to remember, to remind*   3
recorrer   *to cross, to traverse*   5
recreación   *recreation*
recubrir   *to recover*   20
recuento   *count*   28
recuerdo   *memory, souvenir*
recuperar   *to recoup*   7
recurrir   *to seek recourse*   11
recurso   *resource, recourse*   24
rechazar   *to reject*   26
reducir   *to reduce*   24
redonda: a la redonda   *all around*   18
reemplazar   *to replace*   3
referir   *to refer*   10
reflejar   *to reflect*   15
reflorecer   *to flower again*   20
reforestar   *to reforest*   24
reforma   *reform*   16
refrán   *saying*   9
refresco   *soft drink; refreshment*   11
refrigeradora   *refrigerator*   26
regalar   *to give a present to*   10
regalo   *gift, present*
regañadiente: a regañadientes   *grudgingly*   9

regatear *to bargain* 26
régimen *regime* 27
región *region* 1
regionalismo *regionalism* 21
regir *to rule, to control, to govern* 9
rehusar *to refuse*
reina *queen* 4
reír *to laugh* 17
reja *grating, grille*
relación *relation* 1
religión *religion* 1
religioso *religious* 3
rellenar *to stuff* 12
relleno *stuffed*
reminiscencia *memory, reminder, reminiscence* 14
remo *rowing; oar* 18
remoto *remote* 15
renacentista *of the Renaissance* 21
Renacimiento *Renaissance* 21
rencor *rancor* 27
rendimiento *yield* 24
renombrado *renowned* 17
renombre *renown*
rentar *to yield*
reparar *to repair*
repartir *to distribute* 9
repente: de repente *suddenly* 18
reposar *to rest, to repose* 11
represa *dam* 24
representación *representation* 17
representante *representative* 7
representar *to represent* 14
reproche *reproach* 9
reproducir *to reproduce* 20
república *republic, country (nation)* 17
requerir *to require* 28
requisito *requisite, necessary* 25
resentimiento *resentment* 7
residencia *dormitory* 16
residente *resident* 17
residir *to reside in* 4
resistencia *resistance* 20
resistente *resistant* 24
resistir *to resist* 14
resolución *resolution*
resolver *to resolve* 27
respecto: con respecto a *in respect to* 14
respetar *to respect*
respeto *respect* 6
respirar *to breathe*
responder *to answer, to respond to*
responsabilidad *responsibility*
responso *responsary* 11
respuesta *answer, reply* 27

restar *to subtract* 22
restaurán, restaurante *restaurant* 12
resto *rest, remainder* 1
resultado *result* 3
resultar *to result* 4
retirar *to withdraw, to retire* 7
retratar *to make a portrait of, to paint* 21
retrato *portrait, picture* 5
reunir *to reunite* 7
revelar *to reveal*
revolución *revolution* 6
revolucionario *revolutionary* 7
rey *king* 2
rezar *to pray* 17
rico *rich* 6
rígido *rigid* 8
rincón *corner (of a room)* 16
riña *fight;* riña de gallos *cockfight* 9
río *river* 1
riqueza *wealth, riches* 1
rítmicamente *rhythmically* 22
rítmico *rhythmic* 4
ritmo *rhythm, beat* 22
rito *rite* 5
ritual *ritual* 5
robusto *robust*
roca *rock* 15
rodaja *slice*
rodeado *surrounded* 13
rodear *to surround* 6
rojo *red*
romance *romance* 10
romano *Roman* 18
romántico *romantic* 23
romper *to break* 7
rondar *to go around, to hound* 10
ropa *clothing* 2
ropero *wardrobe* 13
rosa *rose* 5
rosbif *roast beef*
roto *broken*
ruana *the Colombian version of a poncho* 14
rubio *blond*
rudo *crude* 3
rueda *wheel* 2
ruido *noise*
ruina *ruin* 17
ruinoso *ruinous* 25
rural *rural* 23
rústico *rustic*
ruta *route* 15

sabana *savannah, plain*
saber *to know* 2
sabio *wise* 5

sabor *taste* 22
sacar *to take out*
sacerdotal *priestly* 5
sacerdote *priest* 3
sacrificio *sacrifice* 2
sacudir *to shake* 19
sagrado *sacred* 11
sal *salt* 12
sala *living room* 10
salario *salary* 8
salida *exit* 1
salir *to go out* 9
salón *salon* 22
saltar *to jump* 21
salto *waterfall*
saludar *to greet* 11
sangre *blood* 2
sano *healthy* 18
santo *saint* 3; santo patrón *patron saint* 5
saquear *to sack, to plunder* 20
sarape *the Mexican version of the poncho* 14
sasonar *to season* 12
secar *to dry*
sección *section* 13
seco *dry* 12
secretamente *secretly* 4
secreto *secret* 5
sector *sector* 18
secundario *secondary* 10
segregación *segregation* 4
seguido *followed* 5
seguir *to follow* 4
según *according to* 10
segundo *second* 5
seguramente *surely, certainly* 4
seguro *sure, certain* 15
seis *six* 4
selección *selection*
selva *forest, jungle* 1
semáforo *traffic signal* 15
semana *week* 11
sembrado *a planted field* 24
semejante *similar* 5
semilla *seed* 24
senador *senator* 28
sencillo *simple, easy* 18
sendero *path* 15
sensación *sensation* 27
sensual *sensuous, affecting the senses* 22
sentar *to sit, to seat* 10
sentido *felt; hurt feelings* 8
sentimiento *sentiment* 3
sentir *to feel* 10
señalar *to point out* 6
señor *lord, Mr.* 4

señora *wife, Mrs.* 7
señorial *lordly* 21
separación *separation* 17
separar *to separate* 6
septiembre *September* 7
sequía *drought* 24
ser (v.) *to be* 1; (n.) *being* 6
serenata *serenade* 10
serio *serious* 24
sermón *sermon*
serpentina *serpentine* 17
serpiente *serpent, snake*
servicio *service* 13
servir *to serve* 3
sesión *session* 6
sexo *sex* 10
si *if* 2
siempre *always* 9
siete *seven* 16
siglo *century* 4
significar *to mean, to signify* 1
siguiente *following* 11
silenciar *to silence* 28
silencio *silence*
silla *chair*
sillón *easy chair*
simbólico *symbolic* 20
simbolismo *symbolism* 5
símbolo *symbol* 23
simpatía *sympathy, liking* 28
simpático *pleasant, likable*
simple *simple, uncomplicated* 10
simplemente *simply* 28
sin *without* 3; sin embargo *however* 1
sinagoga *synagogue*
sino *but rather* 2
síntesis *synthesis* 23
sintético *synthetic*
sistema *system* 2
situación *situation* 9
sobre *above, over* 2; sobre todo *above all* 7
sobresaliente *outstanding* 23
sobresalir *to excel, to stand out*
sobrescrito *subtitles* 19
sobrevivir *to survive* 4
social *social* 3
socialmente *socially*
sociedad *society* 4
socioeconómico *socioeconomic* 25
sociopolítico *sociopolitical*
sofá *sofa, couch*
sofocante *suffocating* 1
sol *sun* 2
solamente *only* 10
soldado *soldier* 3

solemne *solemn* 17
soler *to be used to, to be accustomed to* 10
sólido *solid* 9
solitario *sole, solitary* 28
solo *only, sole, alone* 1
solución *solution* 25
solucionar *to solve* 24
sombrero *hat* 14
sombrío *somber* 3
someter *to submit, to subject* 8
son *sound* 22
sonar *to sound* 6
soñar *to dream* 1
soportar *to support* 27
sorprendente *surprising* 19
sorprender *to surprise* 7
sorpresa *surprise*
sospecha *suspicion*
sostener *to sustain* 9
sótano *basement, cellar* 19
stándard *standard* 8
suave *smooth, suave*
subconciente *subconscious* 23
subdesarrollo *underdevelopment* 25
súbdito *subject* 4
subfluvial *under a river* 15
subhumano *subhuman*
subir *to go up*
sublime *sublime* 6
subsuelo *subsoil* 25
subterráneo (*adj.*) *underground* 11; (*n.*) *subway* 15
suburbio *suburb* 23
sucesor *successor* 12
Sudamérica *South America* 1
sudamericano *South American* 1
sudor *sweat* 4
Suecia *Sweden*
sueco *Swedish* 19
sueldo *salary* 27
suelo *soil, ground, earth; floor* 1
sueño *dream* 6
suerte *luck, chance* 6
suficiente *sufficient, enough* 8
suficientemente *sufficiently* 15
sufrir *to suffer* 1
sujeto (*adj.*) *subject*
sumamente *exceedingly* 1
sumar *to add* 21
superficie *surface* 21
supermercado *supermarket* 26
supersticioso *superstitious* 20
supervisar *to supervise* 6
suplir *to supply*
supremo *supreme* 5

suprimir *to suppress*
sur *south* 1; América del Sur *South America* 1
surgir *to spring forth, to develop* 6
suroeste *southwest* 19
surrealista *surrealist* 23
suspender *to suspend, to stop* 18
sustancia *substance*
sustancioso *substancial* 12
sustituir *to substitute* 9
sutil *subtle* 21

tabaco *tobacco* 1
taberna *tavern* 17
taco *A Mexican dish; a fried tortilla stuffed with meat, cheese, etc.*
tal *such* 1; con tal de *provided* 27
talla *carving* 20
tallar *to carve*
taller *workshop*
tamal *tamale (a Mexican dish made of meat and a sauce wrapped up in corn meal and covered with corn husks and steamed)*
tamaño *size* 14
también *also, too* 1
tambor *drum* 4
tampoco *not . . . . either* 2
tan (*adv.*) *so* 1; tan pronto como *as soon as*
tango *tango, a dance* 22
tanto (*adj.*) *so much, as much* 1; tanto . . . como *as much . . . as*; por lo tanto *therefore* 8
tarde (*n.*) *afternoon*; (*adj.*) *late* 10
tarea *task* 4
té *tea* 12
teatral *pertaining to the theater; theatrical* 19
teatro *theater* 6
técnica *technique* 20
técnicamente *technically* 25
técnico *technician* 16
techar *to roof* 13
techo *roof* 13
tejido *woven; weave*
tela *cloth* 14
telefónico (*adj.*) *telephone* 1
teléfono (*n.*) *telephone* 1
televisión *television* 9
telón *curtain (in a theater)*
tema *theme, topic* 18
temperatura *temperature* 13
templo *temple, church* 2
temprano *early* 18
tenaz *tenacious*
tenazmente *tenaciously* 27
tendencia *tendency* 13
tender *to stretch, to stretch out* 1

tener *to have* 1; tener que *to have to;* tener razón *to be right* 16
tenis *tennis* 18
teocracia *theocracy*
teología *theology* 5
teoría *theory* 2
teórico *theoretician* 28
tercero *third* 2
terminar *to finish* 3
termoeléctrico *thermoelectric* 25
terraza *terrace* 24
terreno *ground, terrain, land* 18
terrible *terrible*
territorio *territory* 3
terror *terror* 11
tesoro *treasure* 6
testimonio *testimony* 22
tiempo *time* 1; al mismo tiempo *at the same time* 7
tienda *store* 10
tierra *land* 1
tinta *tint, ink* 21
típico *typical* 12
tipo *type* 6
tirar *to throw, to throw out*
títere *puppet* 27
titiritero *puppeteer* 17
título *title, degree* 3
toalla *towel*
tocar *to touch* 22
todavía *still* 1
todo *all, everything* 1; sobre todo *above all* 7
tolteca *Toltec (Indian tribe of Mexico)*
tomar *to take* 10
tomate *tomato* 24
tonelada *ton* 26
toreo *bullfighting* 18
toro *bull* 18
torrentoso *torrential* 15
tortilla *a Mexican food (ground up lye-soaked corn made into a flat, very thin unleavened cake)* 12
total *total*
totalmente *totally* 5
trabajador *worker* 24
trabajar *to work* 1
trabajo *work, job* 3
tradición *tradition* 3
tradicional *traditional*
tradicionalmente *traditionally* 3
traducción *translation*
traer *to carry, to bring* 4
tráfico *traffic*
tragedia *tragedy* 18
traicionero *treacherous*

traje *suit* 14
transcurrir *to pass, to elapse* 27
transferencia *transference* 10
tránsito *traffic* 1
transportar *to transport* 18
transporte *transportation* 1
tras *after, behind*
trasladar *to move from one place to another* 22
trasnoche *all-night* 19
trasplantar *to transplant* 5
trastorno *upheaval* 11
tratar *to try* 4
través: a través de *through, across* 1
traza *trace* 5
trece *thirteen* 16
treinta *thirty* 19
tremendo *tremendous* 15
tren *train* 15
trenza *braid* 14
tres *three* 2
trescientos *three hundred* 6
tribu *tribe* 2
tribunal *tribunal* 3
trigo *wheat* 24
triunfo *triumph* 28
trompeta *trumpet* 22
trono *throne* 7
tropical *tropical* 1
trozo *piece* 12
túnel *tunnel* 15
tungsteno *tungsten*
turista *tourist*

último *last* 2
únicamente *uniquely, solely* 28
único *unique, sole, only* 3
unidad *unity*
uniforme *uniform* 13
unión *union* 8
unir *to join, to unite* 4
universal *universal* 16
universalidad *universality* 23
universidad *university* 7
universitario *pertaining to the university* 10
urbano *urban* 11
urna *urn* 11
usanza *usage*
usar *to use* 2
uso *use* 2
utensilio *utensil* 24
utilizar *to utilize* 2

vaca *cow*
vacante *a vacancy* 11
vacío *empty* 11

valer *to be worth* 3
valiente *brave* 6
valientemente *bravely, valiantly*
valor *worth* 6
vanguardia *vanguard* 19
vanguardista *vanguardist* 13
vano *vain;* en vano *in vain* 7
vapor *steamship* 15
variación *variation* 1
variado *varied* 22
variar *to vary* 12
variedad *variety* 1
varios *various, several* 2
vasco *Basque* 18
vasija *vessel* 20
vaso *glass*
vecinal *pertaining to a neighborhood* 17
vecino *neighbor* 17
veedor *inspector* 28
vegetación *vegetation* 1
vegetal *vegetable* 12
vehemente *vehement*
vehículo *vehicle*
veinte *twenty* 16
vela *candle*
velar *to hold a wake for* 11
velo *veil* 10
velocidad *velocity, speed*
velón *candle* 11
velorio *wake* 11
velozmente *rapidly, fast* 15
venado *deer, stag*
vencedor *conqueror* 18
vencer *to conquer* 19
vendedor *seller, vendor* 11
vender *to sell* 1
venerar *to venerate* 17
venezolano *Venezuelan*
venir *to come* 2
venta *sale*
ventaja *advantage*
ventana *window* 10
ver *to see* 1
veraneo *summer vacation* 14
verano *Summer* 17
verdad *truth, true* 12
verdaderamente *truly*
verdadero (adj.) *true* 3
verde *green*
verdura *greens, vegetables* 12
verja *grating* 13
vespertino *late afternoon* 19
vestido *clothing, suit* 10
vestir *to dress* 11
vez *time* 2; a su vez *in turn* 6; cada vez más *more and more all the time* 24; de vez en cuando *from time to time* 12; en vez de *instead of* 13
vía *way, road* 24
viajar *to travel* 3
viaje *trip* 15
víctima *victim* 21
vicuña *vicuña* 14
vida *life* 2
viejo *old* 9
viento *wind, breeze* 22
vigilancia *vigilance* 10
vigilar *to watch over* 27
vigorosamente *vigorously* 19
vínculo *tie, union* 9
violencia *violence* 23
violentamente *violently*
violento *violent* 16
violín *violin*
virgen *virgin; Virgin* 5
viril *virile* 6
virrey *viceroy* 6
visión *vision* 5
visionario *visionary* 6
visitar *to visit* 10
vista *sight* 10; punto de vista *point of view* 23
vistoso *showy*
vívido *vivid* 14
vivir *to live* 1
vivo *alive, living* 5
vocación *vocation* 19
vocacional *vocational* 19
volar *to fly*
volumen *volume*
voluntad *will* 24
volver *to return* 18
votar *to vote* 27
voto *vote* 27
voz *voice* 3
vulgar *of the people*

ya *already, finally* 3
yaqui *an Indian tribe*
yate *yacht* 18
yerba: yerba mate *what maté is made of* 12
yuca *cassava; an edible root used widely in South America* 12

zaga: a la zaga de *behind* 23
zaguán *entry-hall*
zapato *shoe* 26
zarzuela *musical comedy* 19
zona *zone* 1
zoológico *zoo*
zoomórfico *zoomorphic (i.e., having the shape of an animal)* 20